キラリと輝く 気くばり

光る人財になる極意

祐川京子

TAC出版

はじめに ～人生は毎日がオーディション～

人生は毎日がオーディション（実技試験）といえます。

つねに競争相手のいるなかで「人脈を広げたい」「あの会社で働きたい」「新規プロジェクトを担当したい」等と望むなら、オーディションで選ばれる光る人財でいなければはじまりません。

筆記試験だけで済むこともあるかもしれませんが、自分の夢や目標を叶えてくれるのは得てして他人。転職や昇格、営業でも「本人」の努力や実力を「他人」が認めるから報われるのです。

同じチャレンジをしても、差別されたり、蔑ろにされたり、あるいは、依怙贔屓されることで結果が変わるのは当然です。

依怙贔屓の依怙は「頼る。頼るもの」、贔屓は「気に入った人を特に引き立てる。後援する」という意味。よって、依怙贔屓される人とは、日ごろから抜かりない気くばりにより周囲から可愛がられ、「アイツは頼りになるから、特に肩入れしておこう」と評価される人のことだといえます。

本書は、私たちの日常にあるオーディション風景を『気くばりの松竹梅（しょうちくばい）』として表現しました。教科書通りのマナーや慣習に従うだけではない光る人財と、そうではない人の気くばりの違いをご堪能ください。

祐川京子

Chapter1

初対面の方との人間関係を最高によくする気くばり

Chapter2

取引先、お客様から
あてにされる人の気くばり

Chapter3

職場での気くばり習慣が、仕事をやりやすくし、ステップアップにつながる

Chapter4

宴席やイベントごとで活躍する人の気くばり

Chapter5

ネガティブな場面でこそ、気くばりが大切

Chapter6

メールやはがきのやりとりで発揮する気くばり

執筆協力　岸本明子
イラスト　藤井昌子
ブックデザイン　AD渡邊民人、
D小林麻実
D T P　株式会社 三協美術

Chapter1

初対面の人との人間関係を最高によくする気くばり

相手の話を広げられる人は、人間関係も広げられる

初対面の相手との共感できるポイントを見つけていこう

「初めて会う人だと緊張する」「何を話したらいいのか困る」という声をよく聞きます。自分の短所に「人見知り」「シャイなところ」を挙げる人も多いですね。相手と面と向かっているときは的確な受け答えを思いつけなくて、帰宅してから「あの時こう言えばよかった」と悔しく思ったことのある人もいるでしょう。

「初対面の人と話すのは得意じゃない」という意識が強くなると、パーティのような知らない人がたくさんいる場に行く意欲がなくなってきます。ですが、共通項の少ない人が集まるパーティのような場こそ、気配りの力を養える場です。

たとえば、あなたが異業種交流パーティに出席したとします。名刺交換をしてみたら、

01

自分とはまったく縁のない職種の人で、共通の話題がなさそうです。
ところが、相手はあなたの名刺を見て「私の地元A県□町にもあなたの会社の支社がありますね。ご存知ですか？」と聞いてきました。残念なことに、あなたの仕事とその支社に接点はなく、何も知りません。こんな場合、あなたは、どんな返事をしますか。

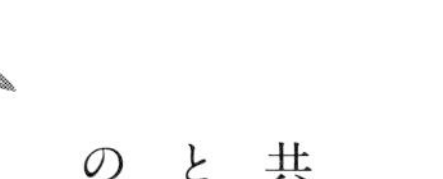

梅

「大きな会社なので、残念ながら全然接点がありません」

これは確かに正確な事実です。しかし、たとえ本当のことであっても、せっかく相手が共有できると考えた話題に対して、こんな返事をしたら「あなたと私は関係ありません」と言うのと同じです。相手も話を続けられなくなってしまうでしょう。質問にただ答えるのではなく、会話をブツ切りにしない努力が必要です。

竹

「ご存知とは嬉しいです。弊社は全国に55支社ありまして…」

自分の会社の事業形態を説明し「こんな会社なんですよ」と説明すれば、話が盛り上がる可能性はあります。もしかしたら、そこからさらに共有できる話題も見つかるかもしれません。ただし、あまり説明が詳しくなりすぎて、一方的に会社説明を続けていけば、パーティの場にふさわしくない堅苦しさをもたらすおそれもあります。会話が盛り上がるように、１人で話し続けず相手の話も引き出していったほうがいいですよね。

「A県のご出身とは、ご縁がありますね。A県といえば、○○が有名ですよね」

相手からもらったきっかけを肯定的にとらえつつ、話題をふくらませやすそうな部分を見つけていけば、自然と会話もはずんでいきます。もしA県についてまったく知らなければ、相手の話を受けとめたうえで「A県は住みやすいところですか？」など、相手に話のバトンを渡すこともできます。

初対面の人と交流する場なら、会話の目的は相手との縁を深めることです。仕事の打ち合わせなどとは違い、こういう場では受け答えの正確さは二の次です。小さくても共通点や共感できる話題を見つけ出し、会話がはずむように気くばりしましょう。

初対面だからこそ盛り上げ上手になろう

ちょっとでも共感できる話題から会話は盛り上がる。相手が言ったことをできるだけ肯定していくことも大切。

右のケースのように、相手が投げてくれたきっかけが自分とはあまり関係がない事柄と思えたとしても、相手の心を受けとめて一緒に盛り上がることが大切です。

またパーティでは、あなたの知人同士を引き合わせることもありますね。このような場面でも、知人たちの特徴から共通点を挙げていくことで、話がはずむきっかけを作れます。職種、趣味、居住地や会社の所在地、出身地、母校などに共通点があれば、話題にしてみましょう。

こうしたポイントのほかに「名前に同じ漢字がありますね」というようなささいなことでも、会話のきっかけとなります。

名刺交換ひとつからでも、信頼関係は築ける

信頼関係＝ラポールを築くには、第一印象から

ビジネスの場で初対面のときといえば、まずは名刺交換ですね。ありふれた場面ですが、仕事のスタート地点ですから、ここで相手によい印象を持ってもらえると、その後の進行がスムーズになります。

名刺交換のマナーについて教わったり、本で読んだりしていろいろと気をつけているという人もいれば、あまりにもお決まりのシーンなので、さらっと終わらせている人もいるでしょう。

さて、あなたは人から名刺をもらったとき、いつもどうしているでしょうか？

02

梅

「どうも、はじめまして」と、もらった名刺をなくさないようにすぐしまう

すぐに名刺をしまってしまうのは、「いただいた大事な名刺だからこそ、なくさないようにしたい」という気持ちの表れかもしれません。

しかし、相手にしてみれば、ロクに見もせずに目の前でしまわれることで「こちらに無関心なんだな」と受け取る可能性が高くなります。

相手のことをよく知らない場合はもちろんのこと、仮に相手の会社名や名前など、名刺に書かれた情報をすべて知っていたとしても、すぐにしまわずにしっかり読み取り、会話につなげていく余裕を持ちましょう。

竹

名刺を読みながら「○○様ですね」と復唱する

相手は名刺を差し出しながら自分の名前を名乗りますが、あなたが声に出して復唱するのを聞くと「きちんと受け取ってもらえた」と安心してくれます。きちんと名前を読み取り、声に出す習慣をつけて、相手に誠意を伝えるようにしましょう。

このとき相手の名前や会社名などがあまり見たことのないものだったら「〇〇とお読みするんですか。珍しいですね」と話をつなげていくこともできます。相手は「自分に興味を持ってくれている」と感じてくれるでしょう。

「〇〇町にお勤めなんですね。あの辺りは……」と話題をふくらませていく

名刺には名前、肩書き、所在地、保有資格など、さまざまな情報が記載されています。落ち着いて読み取り、事務所の所在地などを話題にして会話を展開すれば、相手を尊重する気持ちをもっと伝えることができます。

コミュニケーションにおける第一印象の重要性は、皆さんよくご存知のとおりです。名刺交換で気くばりを発揮して第一印象がよくなれば、「ラポール」（心理学用語：共通理解や信頼感の意）を築く第一歩となります。

ポイントは、名刺の情報をしっかり読み取ること。そこから会話をはずませましょう。

名刺交換の場で守るべきビジネスマナーとして、「名刺に両手を添えて渡す」「相手の差

名刺から引き出せる話題

氏名	珍しい名前・読み方や、歴史上の英雄と同じ、ある地域に多い苗字など、さまざまな話題を引き出せる
社名	社名の由来から経営理念の話などを引き出すことができる
部署名	一般的ではない部署名であれば、どんな業務をしているのか聞いて、相手の担当業務の理解にも役立つ
肩書き	「お若く見えるのに」「中枢を担っていらっしゃるんでしょう」などとほめることができる。相手のプロフィールなどへ話題を広げることも
所在地	近くの名所・名物などを話題にし、お互いの共通項を増やしていける。支社などが記載されていれば、それも話題に。
デザインなどの工夫	「洗練されていますね」「名刺を拝見しただけで、他社とひと味違うことがわかります」などとほめることができる。「ロゴをいつも○○で拝見しています」などと共通項を増やすことも。

パーソナルな関係を築くためには、会社全体のことよりも、失礼にならない程度に相手個人の話題に踏み込んだほうがいい。

し出した名刺より低い位置に出す」「おじぎをする時は背中の角度を○度に」などを実践している人もいるでしょう。こうしたマナーももちろん大切なモノです。さらに名刺をきっかけに会話をはずませれば、マナーにこだわる以上に相手を尊重する気持ちがストレートに伝わるものです。

なお、名刺をすぐにしまったり、すぐに相手のことではなく自分のことを話し始めたり、話題を用件のみにしてしまう人は、かなりの気くばり不足。相手に「自分のことしか考えていないな」と思われると、スタート地点から損をしてしまいます。

観察力をはたらかせれば、ほめるポイントはたくさんある

03

名刺、持ち物、オフィスの様子、受付の対応などに気を配って

打ち合わせや商談など、社外の人の訪問を受けたときに、同じ応接室や会議室でも相手によって、その場の空気が全然違ったものになると感じませんか。

よい空気になると、相手との信頼関係を築くことができて、仕事はスムーズに進むもの。逆に味気ない空気になると、その仕事自体が味気ないものになりがちです。

では、あなた自身が商談相手のオフィスへ打ち合わせに出かけた場合を考えてみましょう。初めて訪ねた会社ですが、受付の対応もよく、すぐに担当者と名刺交換できました。そこで名刺交換から話を広げようとしましたが、相手が話に乗ってくれず、あまりうまく

いきませんでした。

あなたなら、このまますぐに本題に入りますか。それとも何か話を続けますか。

梅

時間も限られているので「それで今日うかがったのは」と本題に入る

仕事なのでダラダラしていられないのは事実です。しかし、信頼関係＝ラポールを築く努力をしてから本題に入ったほうが、印象はずっとよくなります。ここでもうひとふんばりして、この商談の雰囲気がよくなるような話題を見つけたいものです。

「そういえば今日の朝刊に……」とビジネス一般の話題を口にする

初対面など、よく知らない相手同士だと新聞記事や経済ニュースを話題にすることはよくあります。残念ながらこうした誰でも話せるようなありきたりの話題だけでは、なかなか好印象を得るまでには至りません。

ただし、無難な選択とはいえますし、もしも本題の伏線にするなどの狙いがあるならインパクトがあります。

「御社の受付の対応、すばらしいですね」とほめる

先方の会社のことをほめれば、相手も気持ちよく聞いてくれるものです。「お掃除も行き届いていてキレイですね」など先方に関係するポジティブな話題を出せば、あなたの印象もポジティブなものになるでしょう。

仕事の場であっても、即座に本題に入ると事務的で冷たい印象になります。人間関係を築くために、まずは会話を盛り上げたいものです。

初対面でもほめ言葉を口にできれば、相手は心を開いてくれます。すぐに相手のほめるポイントを見つけ出せないようなら、先方のオフィスやその周辺、従業員の態度、雰囲気など、観察力を働かせて、話題にしやすいポイントを見つけましょう。

オフィスの周辺に注目しておけば、「この辺りには、素敵なお店があってうらやましいです」などとほめることができます。「大きなビルで迷子になりそうでしたが、社員の人が声をかけてくださり、ご案内いただきました」といった体験を話して感謝するのもよい

初対面の相手をほめるポイント

相手のアイテム	相手がこだわりを持っていそうなアイテムをほめる。男性なら時計・バッグ・名刺入れ・タイピンなどアイテムにこだわる人は多い。
相手の内面	「すごい敏腕課長だとうかがっていたので緊張していたんですが、とても話しやすいです」などと初対面でも垣間見える内面的なことをほめる。
会社の人的ソフト面	受付対応や電話取り継ぎ、オフィスの活気など、努力によって勝ち得たソフト面をほめるといい。
ほかにもいろいろ	「出してもらったお茶がおいしい」「（古い社屋でも）老舗の味わいがある」などポジティブに考えるとほめる点はさまざまにあるもの。

■注意

相手が言われ慣れている部分はほめない	美人に「おきれいですね」などと言っても、相手は嫌気が差していることも。
外見をほめるならピンポイントに	一見してわかることは言われ慣れている可能性が高い。「目に力がある」「鍛えていらっしゃる」など相手の意識や努力が見られる点をピンポイントにほめる。

でしょう。

「運気がよさそうなビルですね」などあなたなりのコメントも、空気を和ませることができます。

新聞やニュースに出ている相手の会社の話題を持ち出すのもいいですが、よりパーソナルな話のほうが印象的なものです。

自社や出先で先方と落ち合う場合には、相手の持ち物を観察しましょう。鞄や名刺入れ、筆記具など「使いやすそう」「おしゃれですね」などとほめることもできます。

相手や周辺のことを観察し、話題を見つけるよう意識しましょう。

手土産は信頼関係を築く小道具

会話のネタになるような手土産がベスト！

仕事相手に対して、何か依頼しにくい用件をお願いするときには手土産を持っていきたいですね。しかし、どんなものをいつ持っていくべきか悩んだことはありませんか。

まず、手土産を持っていくタイミングについて考えてみましょう。最初の打ち合わせに持っていくのか、それとも依頼した仕事を引き受けてもらった後なのか。または仕事が完了したときのお礼として持っていくということもできます。

どのタイミングでもお礼の気持ちを表すことはできますが、できれば相手に最も好印象を与えるベストなタイミングを選びたいものです。では、次のケースで具体的に考えてみ

04

ましょう。

自社が創立5周年を迎えるにあたり、あなたは記念誌編纂チームに入りました。得意先でもある有名企業の社長に寄稿してもらうため、今日は先方を訪問します。先方にはまだ詳しい用件は伝えておらず、依頼を引き受けてもらえるかどうかも決まっていません。あなたがこの社長と直接会うのは今日が初めてです。今日の打ち合わせで、お願いしたい内容や意図についてじかに説明し、寄稿を前向きに検討していただく予定です。あなたなら、どんなタイミングで手土産を持参しますか?

梅

寄稿してもらうことが決まったとき

話が本決まりになってから手土産を渡せば、依頼を引き受けてもらえたことへの感謝の気持ちを伝えることができます。しかし、「最初は手ぶらだったのに、依頼をOKしたとたんにお礼の品を持ってきた」ということになると、ゲンキンな印象を与えかねません。

記念誌が完成したときに

お世話になったお礼として手土産を持っていくのは自然なことです。完成した記念誌と共にお渡しすることもできます。ただし、もうこの件に関して何度もやりとりをしていて、依頼した相手とは初対面ではありません。社長の嗜好に合う品物を選ばないと「この人はわかっていないな」と思われるかもしれません。

まず初対面の今日

まだ貸し借りの生じていない状態での手土産は、相手に好印象を与えます。初対面のときに「これからよろしくお願いします」の気持ちを込めた手土産を渡すことで、お互いによい気分で仕事をスタートできます。

どんなケースでも、手土産はつねにスタート地点で渡すようにするのがポイントです。

手土産の内容についても悩むところですが、誰もが知っている有名店のお菓子なら、相手を尊重している気持ちを伝えやすくなります。ただし、あまりにも高級品だとブランド力にモノをいわせている印象にもなりかねませんので、嫌味のないようにしたいものです。

値段の高さ・安さよりハッピーな手土産を

リーズナブルでも話題にできる楽しい手土産、あるいは「あなたのためにがんばって用意しました」という手土産は誰でも嬉しくてハッピーになれるもの。

通しか知らないような銘品や行列しないと買えない話題の品を贈って、スペシャル感を出すこともできます。

ただし、「あまり知られていませんが、パリの有名店の○○で修行してきた人が作っていて…」とうんちくを並べたり、「行列しないと手に入らないもので…」などと言ったりすれば、相手は恐縮するほかなく、気分よくはありません。

おすすめは「会社の近所にある老舗の人気商品」など、気軽で話題にしやすいお菓子です。依頼しにくいお願いをしに行ったときでも話のネタとなって雰囲気を盛り上げ、相手とラポールを築く小道具になってくれます。

ほめるなら、ひと味違った着眼点から

ほめられ慣れている相手に、通り一遍のほめ言葉は通用しない

仕事先の人とのラポールを築くのに、「ほめる」というのは大切な鍵となります。ほめられると、「この人は自分のことをわかっている」と信頼するきっかけとなるからです。

ただし、このほめ言葉は、ほめた相手から「その通り」と納得してもらえる言葉でなければなりません。そして、もちろん相手が喜んでくれることが第一です。

難しいのが、いわゆるエリートの場合。つまり医者や弁護士などの職種の人、あるいは出身校のレベルや資格の難易度、所属部署などによって、誰もが優秀だと認めるような人たちです。

05

こうした人たちは、ほめられることに慣れています。それだけに、ちょっとほめられても印象に残らないのです。

では、こうしたエリートを相手にすることになったら、あなたはどこをほめますか。たとえば、これから商談相手の若手課長と初会合するとします。聞くところによると、その課長は超一流の○○大学出身で、海外一流大学への留学経験もあり、保有資格も多数あるというエリートだそうです。自他ともに認める優秀な人ですが、その人のどこに注目してほめたらよいでしょうか。

梅

「やっぱり○○出身の人はすごいですね」と出身大学をネタにする

出身校の優秀さは、話題にしやすい部分です。ただし一流大学出身だと、この台詞を年中聞いていて、すでに食傷気味な人も多いもの。なかには「○○大卒という記号で判断されたくない」という思いが強い人もいますから、ほめたのにあまり喜んでもらえない確率が高くなります。

「お若いのに課長とは優秀ですね」と出世をネタにする

肩書きから読み取って、相手が仕事ができることをほめるのは無難ですね。しかし、これもすでに言われ慣れている可能性があります。肩書きそのものではなく、「リーダーシップがあるんですね」など、本人の能力そのものをほめたほうがいいでしょう。

「スーツが決まってますね」とファッションをネタにする

学歴や頭のよさをほめられ続けているエリートの場合は、ファッションや趣味など別の視点からほめられると嬉しいものです。本人が何にこだわっているのか、しっかり見つけて話題に取り上げると、「この人わかってるな」と喜んでもらえるものです。

小さなことであっても、「わかってる人」という印象を与えることは、ラポールを築く足がかりとなります。

「エリート」として認識されている人の場合、「エリートですね」とほめても喜んでくれません。むしろ優秀な母校などの名前を出されることにもう嫌気がさしていて、「何でも

エリートをほめるには

ファッション	靴やメガネ、メモ帳などはこだわりを持っていて、気をつかっている人が多いので、ほめやすい
人の上に立つ能力	学歴と必ずしもイコールではない能力をほめられるのは嬉しい。経営者なら「リーダーシップがすごい」「カリスマ性がある」など
内面をほめる	「人あたりがソフト」、若手になら「気が利く」など
出身高校をほめる	大学のことは言われ慣れていても、高校のことをほめられるのは稀。

有名大学卒以外に高度な資格を持つ人も、資格自体を「すごい」と言われることには慣れているので、上記のような点をほめるといい。

○○大学ってひとくくりにするのはやめてほしい」と思われることも。

エリートを相手にほめるときは、視点を変えてほめるようにしましょう。まだほめられていないようなポイントを探すのです。

一般的な視点が「学歴」「肩書き」「資格」なら、その部分はあえて除外します。そして、スーツや時計などのファッションや趣味など、相手が気をつかっていそうなポイントからほめてみましょう。

「素敵な靴ですね」と言った相手が、靴にこだわりを持っていたなら「他の人はなかなか気づかないのに、この人わかってるな」と好印象を与えるでしょう。

第１章のまとめ

○相手との共通点を見つけて話を広げれば、人間関係も広がる！

○相手の名刺から得られる情報をしっかり読み取り、会話をはずませよう！

○名刺、持ち物、オフィスの様子…観察力を磨いて、ほめるポイントを発見！

○手土産は最初の訪問時に渡して、よい気分で関係をスタート！

○ほめられ慣れている相手には、ほめる視点を変える工夫をしよう！

Chapter2

取引先、お客様から
あてにされる人の
気くばり

商品を売り込む前に、相手の話に耳を傾けて

人間関係を築かなければ、営業成績は上がらない

営業の仕事では、自社製品を熟知することや、徹底した情報の分析は必須課題です。お客様としても、製品について何を質問してもきちんと答えてくれることや、最近の動向についての情報を教えてくれる営業パーソンに信頼を置きます。

かといって、それだけで営業成績を上げることは難しいものです。同じくらいの製品知識や情報を持っているなら、お客様とより深い人間関係を築いている営業パーソンが、より高い成績を上げることができるものです。

では、よい人間関係を築く営業のしかたとはどんなものでしょうか。

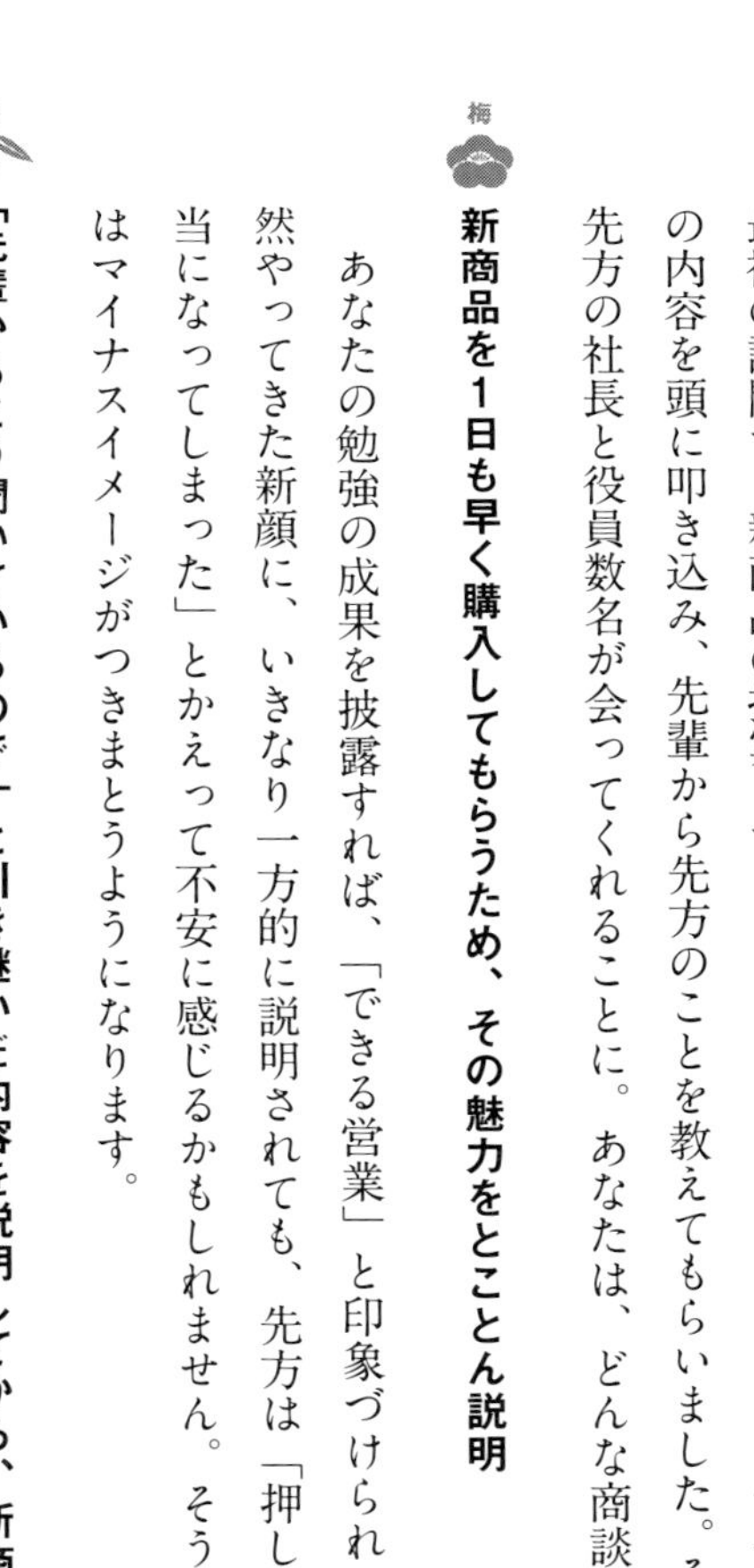

たとえば、あなたが先輩から得意先を引き継ぐ場合を考えてみましょう。引き継ぎ後の最初の訪問で、新商品の提案をすることになりました。あなたは気合いを入れて自社商品の内容を頭に叩き込み、先輩から先方のことを教えてもらいました。そして、初訪問の日、先方の社長と役員数名が会ってくれることに。あなたは、どんな商談をしますか。

梅

新商品を1日も早く購入してもらうため、その魅力をとことん説明

あなたの勉強の成果を披露すれば、「できる営業」と印象づけられるかも。ただし、突然やってきた新顔に、いきなり一方的に説明されても、先方は「押しつけがましい人が担当になってしまった」とかえって不安に感じるかもしれません。そうなったら、あなたにはマイナスイメージがつきまとうようになります。

竹

「先輩からこう聞いているので」と引き継いだ内容を説明してから、新商品を提案

前任者からきちんと話が引き継がれていることをアピールすれば、先方は「きちんとしているな」「説明する手間が省けた」と喜んでくれるかもしれません。しかし、それだけではまだ自分自身と先方との人間関係を築けているとはいえません。

先方の話をできるだけ詳しく聞くことに専念

自分のことよりも先方を第一にして話を聞けば、「気持ちよく接することができる人」と思われるようになります。こうした気くばりがあって初めて、よい人間関係をベースにした仕事ができるようになります。

知識や情報を持っているのは、プロの営業なら当たり前のこと。若手の場合はとくに、「プロかどうかで心配されたくない」と必死になるあまり、自分の知識や情報を過剰に披露してしまいがちです。

また、ここでのケースのように先輩から引き継いだら「先輩より劣っていると思われたくない」という焦りも生じることでしょう。

しかし、まだお客様と人間関係を築いていない段階では、いくら的確に相手の改善点を指摘したり、先方の知らない情報を教えたりしても、お説教のようにしか聞こえません。

「正しいことさえ言えばOK」ではない

若手の場合は正しい知識や指摘がかえってアダとなることも。
ライバルに差がつくのは商品力より気くばり力!

自分は親身になって話したつもりなのに、「生意気」「失礼」という印象を与えている可能性もあります。

これでは商品力とはまったく別のところで損をしてしまいます。

たとえ新商品の売り込みを課されていたとしても、自分が話したいことは後回しにして、お客様の話に耳を傾けることで、先方への敬意を示すことができます。人間関係は、こうした気くばりからこそ、築くことができるのです。

そして、やがてお客様のほうから相談を持ちかけられるようになって、「この人から買いたい」と思ってもらえるでしょう。

聞き上手はあいづちもひと味違う

うなずき、あいづち、メモは適度にするのが肝心

自分が話をしているときに、相手の聞く態度が気になったことはありませんか。

こちらが一生懸命話しているのに、相手がただじっとしていて何も反応がないと「理解してもらえているのかな?」と不安になります。話を聞きながらウンウンとうなずいたり、「なるほど」とあいづちを打ってくれると、「聞いてくれているな」と安心するものです。

またビジネスの場では、話を聞きながらメモを取ることも重要です。自分は一生懸命聞いていて理解しているのに、話し手や話題によっては「メモも取らないのか」と思われてしまう場面もあります。

では、あなたが営業パーソンで、今は営業先で要望を聞いている場面だとしましょう。

うなずき、あいづちのタイミングはどうしますか。

梅

相手の言葉を漏らさずメモしつつ、「はい」「ええ」などとあいづちを打つ

メモを取ることもあいづちを打つことも、「聞いています」という態度を示すのに重要ですが、ひと言も漏らさずメモを取ろうとすると、ずっと下を向いていることになりがち。せっかく一生懸命聞いていても、その表情は相手に見えなくなってしまいます。そうやって下を向いたままあいづちを打っても、生返事をしているように受け取られかねません。

竹

要点をメモしつつ、相手の一言一句に「はい」「ええ」とあいづち

こんなふうにすれば、確かに一生懸命聞いている態度が、相手からも見てとれるでしょう。しかし、過剰なあいづちは、相手の話すリズムを崩すことが意外にあるので気をつけたいものです。

適度に要点をメモしながら、大半は無言でうなずき、たまに「なるほど」「すごい」などとあいづちを打つ

「さすが」「すごいですね」などのあいづちは、相手の話が一段落するタイミングで言うようにしましょう。あとはなるべく無言でうなずくと、相手の話をさえぎることなく、「聞いてもらっている」という安心感も与えることができます。

聞き手としてうなずくときは、原則として無言が無難です。声を発しないでいれば、相手の話の邪魔をすることがありません。うなずきながら「うんうん」「そうそう」などとあいづちを打ち続ける人もいますが、話し手のリズムを崩して話の腰を折ることになりかねません。

あいづちを打つタイミングは、話が一段落したところです。そこで、「なるほど」「はい」などとあなたのあいづちが入ると、話し手は自分のリズムで調子よく話せます。

また、あいづちには「ええ」「ごもっともです」「そうですね」「おっしゃるとおりですね」など、いろいろなものがありますが、自分では意識しないうちに口癖になっていることが多いもの。相手にとって耳障りにならない言い方をしているか、自分でチェックしてみる

あいづちは顔を上げて

「なるほど」「ごもっともです」などのあいづちは相手を見ながら。
変なタイミングだと「聞いてるフリか」と信用を落とす。

ことをおすすめします。「はい、はい」「なるほど、なるほど」と同じ単語の繰り返しが多いと、うっとうしく聞こえることもあります。

メモを取る場合は、ずっと下を向いているとこちらの反応が相手に伝わらず、せっかく一生懸命に聞いていても逆効果になることを忘れずに。メモに夢中になって、うっかりタイミングのずれたあいづちを打ったりすれば、「聞いているフリなんだな」と信用を落とすかもしれません。

聞き手になるときはなるべく顔を上げ、相手の目を見てタイミングよくあいづちを打ち、「この人が相手だと気持ちよく話せる」と思われる聞き上手になりましょう。

ほめられ上手は気配り上手

謙遜はホントに美徳？　相手の気持ちを考えてみる

誰かにほめられたとき、あなたはいつもどんなリアクションをしていますか。ほめるというのは、あなたへのポジティブな働きかけです。反応ひとつで、相手の気持ちは大きく変わります。

たとえば取引先を訪ねたときに、「いつもおしゃれですね。よい趣味をしていらっしゃる」とおほめの言葉をいただいたとします。どうやら本心からほめていただいている様子です。あなたなら、どんな返答をするでしょうか。

「そんなことありませんよ」と思い切り謙遜する

確かに、おごらないのはよいことです。ですが、ほめられたのに「いいえ、全然！」などと否定的な言葉を返せば、せっかくの相手の気持ちを否定することになります。

人が誰かをほめるときは「喜んでほしい」「がんばってほしい」などのポジティブな気持ちを持っています。それに対して「そんなことはありません」とか「○○さんのほうが格好いいです」などとかたくなに謙遜すると、相手は「せっかくほめたのに」と残念な気持ちになってしまいます。

「そんな…恐縮です」と控えめに礼をのべる

相手の言葉を否定はしておらず、慎重さは印象づけられるでしょう。でも、相手の積極的な好意に対してあいまいな態度を取ることになり、なかなか好印象までには至りません。

松

「ありがとうございます！」と感謝の気持ちを素直に表現する

ほめ言葉に対して「嬉しいです！」「おほめいただいて光栄です！」など、明るく嬉しそうな言葉が返ってくると、ほめた当人も嬉しい気持ちになります。

ほめられたときに謙遜するときの返答に「ほめても何も出ませんよ」というフレーズもありますね。これでは「何か見返りを期待してほめたのでしょう?」と疑っているかのようです。せっかくポジティブな空気を作るチャンスなのに、逆効果になります。

ポジティブな言葉に対して「ありがとうございます」「それは嬉しいです」など、こちらもポジティブに返すようにしましょう。「そうおっしゃっていだいて、元気が出てきました」「今日一日ハッピーです」などとさらに喜びを表すこともできます。

ほめられたときのポジティブな空気を増幅できるのが「ほめられ上手」です。ポジティブな人間関係を育てられます。

また、ほめられているとはいっても、明らかにお世辞だったり、「いつもやたらと元気だね」など、ちょっぴりネガティブでイヤミな言葉をかけられる場合もあります。そんなときでも明るく喜び、ほめられたことにしてしまえるぐらいになりましょう。

「謙遜したがり」は「ほめられたがり」?

謙遜する人は、「本当にそう思います」というもうひと言を期待していることも。その心理に自然に応えるのも気くばり。

日本では謙遜が美徳とされているために、「自分によい評価を与えるのはよくないこと」という感覚を持つ人も多いですね。「私なんて全然ダメです」「○○さんに比べたら足元にも及びません」といった言い方をする人も多いです。

このように自分のことを否定的に言う人は、相手が「そんなことはない」とフォローしてくれるのを期待している場合もあります。もし、あなたがほめたときに謙遜する人がいたら、その人の気持ちを汲み取り「そんなことありませんよ」とフォローして、肯定に転じる役割を果たしましょう。それもまた気くばりです。

セールス成功のカギも、やっぱりほめ言葉！

ほめるためには、相手のことをよく知ることが大切

ビジネスの場では、面識のない相手と話をする機会がたくさんあります。もちろん仕事上の用件があるわけですが、人対人ですから用件しか話さないというのも味気ないですね。とくに売り込みをするような仕事の場合は、きちんと相手とのコミュニケーションを取って、人間関係を築くことがとても大切。そのために必要なのが、話題を選ぶセンスです。

では、次のようなケースの場合、あなたなら相手とどのような話をしますか。

あなたはコピー機のセールスをしています。知人から老舗のお菓子メーカーを紹介してもらいました。先方は長年同じコピー機を使っていて老朽化しているという知人の話なの

09

で、セールスの見込みは十分にあります。

今日は、このお客様を初訪問します。さて、どういうふうに切り出していけば、うまくいくでしょうか。

梅　ボロのコピー機を使っているので「こんな旧式は換えたほうがいい」と勧める

お客様は違和感なく使用できていたにしても、新しい製品ならもっといろいろと機能があったり便利に使えるというのは事実でしょう。相手の知らない情報を伝えるのは意味のあることです。

しかし、それが事実だとしても、いきなり来た人に自分たちがけなされたように感じさせてしまう可能性が大です。

竹　「御社はどんなお菓子を作っていらっしゃるんですか？」「従業員数は？」と質問

相手のことをよく知ろうとする姿勢は好感が持てます。

しかし、作っているお菓子や従業員数はホームページなどを事前にチェックすればわかる基本情報です。話のきっかけにするにしても、「事前に何も調べないで来たのか」と思われると印象がよくありません。

自己紹介し、「御社のお菓子、子供の頃から大好物なんです」と切り出す

まず相手の作っているお菓子をほめるなど、相手が聞いて心地よく共有できる話題から切り出すと、人間関係を築きやすくなります。

どんな職種であっても、相手が自分の話を聞いてどんな気持ちになるか想像する力はとても大切です。

このケースのようにたとえ人から紹介されたばかりの訪問先だとしても「○○さんから紹介されたばかりで、御社のお菓子は存じ上げず」などと言っていたら言い訳にしか聞こえません。

相手のことを事前に知っておき、相手をほめてラポールを築き、相手の話を傾聴して信頼を深めることが先決なのです。

面談前に相手を知っておこう

ホームページの情報や相手の会社の市販商品を調べて、話題を考えておくのが成功の決め手!

そうやって「そういえば、コピー機が古くて不便なんだけれど」といった相談を相手のほうから持ちかけてくれるような関係をつくりましょう。

セールスの訪問先がサービス業や消費材メーカーなどの市販商品の会社の場合は、「御社の商品のファンなんです」、「○○駅前にある御社のお店、いつも利用しています」などといった先方の本業に関することは絶好の話題になります。

相手の心を解きほぐし、人間関係を築いた上でこそ、セールスも成功するというものです。

「この人から買いたい」と思われる店員になる

10

お客様が目的のものを見つけられるように、サポートしよう

買い物に出かけたときに、店員さんを気に入ったから買い物をしたという経験はありませんか。逆に商品は気に入ったのに店員さんの感じが悪いせいで、「別の店で同じものを探そう」と思ったという経験がある人もいるでしょう。

「この店で買いたい」と思わせる店員さんを観察すると、さりげない気くばりができているものです。あなたにもそんなセンスがあるかチェックしてみましょう。

たとえば、あなたはアパレルショップの店員です。今お客様が入ってきて店内の商品を見はじめました。お客様は、スカートを手に取ったかと思うと次はジャケットにという具合で、何を探しているのかよくわかりません。今は夏物のワンピースを見ています。さあ、あなたは何と声をかけますか。

「それはワンピースでございます」「そちらは…」と商品の説明から始める

手に取っている商品がワンピースとかセーターとかいうことは、見ればわかること。そんなことを説明されても、お客様としては嬉しくありません。新作の傾向などお客様からは見えない情報を伝えないと、「ただ話しかけたいだけなんだろうな」と興ざめしてしまうかもしれません。

竹

「今日はお休みですか？」などと、お客様のプライベートについて質問する

お客様へ声をかけるきっかけの世間話としては、当たり障りはないレベルかもしれません。しかし、目の前の服とは関係がなく、「余計なお世話」と思われる可能性もあります。

松

「何かお探しのものはございますか？　こちらは色違いも…」と提案する

自分からお店に入ってきたからには、お客様の目的は服を探すことです。目的に直結する話題のほうが、お客様の反応はよくなるもの。また、こちらからの提案があると、プロとして信頼できる店員さんだなと思われるでしょう。

接客販売のお店では、商品や価格そのものは他店と同じでも、店員の良し悪しで「せっかくならここで買いたい」と思ったり、逆に「絶対にここでは買いたくない」とお客様は判断するものです。

たとえば、よくお買い上げくださっているお客様がお店に来たときに、店員がそのお客様を見た瞬間に「うちの靴をはいていただいて、ありがとうございます!」「これ、うちでお買い上げいただいたジャケットですね。ステキに着ていただいて嬉しいです」などと気がつく観察力があると、「店員さんがちゃんと商品をわかっていて、気づいてくれた。やっぱりこの店はいいな」と評価が上がります。もしも、その店の商品を身に着けているのに全然気づかれなかったら、信頼感は落ちてしまうでしょう。

また、商品を選んでいるときに「きっとこちらもお似合いに」と好みに合う商品を見つけてくる提案力の高さも重要なポイント。お客様は「自分のことをわかってくれているな」

自社商品をケナさない

「お客様は1点しか買わない」という思い込みから、1点を買ってもらうために、ほかの自社商品を悪く言えばチャンスを逃すことに。

と信頼感を持ってくれます。

ただし、ジャケット2着を手に取って悩むそぶりのお客さまを前に、「これがお似合いです。こっちの色はイマイチですよね」などと、一方を持ち上げて一方をけなすかたちで提案するのはキケンです。自社商品を悪くいうことは、お客様にとって気持ちのよいものではありません。また、2点とも買うつもりでいたかもしれないのに、チャンスを逃すことになります。

お客様より一歩先に動いて、「気づいてくれる」「わかってくれる」という信頼感を得ていきましょう。それが「買うならこの人から」という気持ちを育みます。

ライバルの多い営業先へ食い込んでいくための心理術

営業先の担当者を「身内」にするポジティブ作戦

営業先が大きな会社であったり、業績好調の会社であったりする場合はとくに、売り込みたいと思っているのはあなただけでなく、数多くのライバルが存在するものです。

たとえば、あなたの会社がソフト開発のベンチャー企業だとすると、有力な企業からソフト開発を受注したいと狙っているライバルのソフト開発会社は、あまたあると思います。

ライバルの中には、あなたの会社と同じくらいの性能の基本ソフトや開発技術をもっている会社もあれば、場合によっては技術力で勝るライバルもいるかもしれません。

そんなとき、営業力が受注の決め手になるというケースは少なくありません。営業力次第で、営業先の担当者が「絶対にここへ発注したい」と思ったり「製品や技術はいいけど、この人から買うのはなあ…」と躊躇したりということが起きます。顧客や見込客の心理を理解して、アプローチしていくのは重要です。

たとえば、大手生保A社に売り込むために、自分がA社の保険に加入しているご縁を利用して、先方のキーマンである情報管理担当者を紹介してもらい、面談の場を設けることができたとしましょう。アプローチ次第で、結果は大きく違ってきます。

梅

自社の技術力の高さや新製品の優位性について説明し、導入検討をお願いする

プレゼンのセオリーどおりかもしれませんが、A社は何十社もの競合から、類似製品の提案を受けているはずです。その中で一番だと思っていただくことは容易ではありません。

A社が導入しているシステムの状況や問題点など、現状について詳しくヒアリングしてから新製品を提案する

問題解決型のソリューション提案営業では、こうしたやり方をとることが多いと思います。しかし、何社からも同じように細かな質問を受けているA社は、ヒアリングで答えることに「またか」と面倒くささを感じるかもしれません。

生保業界に導入可能な製品の特徴や自社製品の改善すべき点について、A社の情報管理担当者へアドバイスを求める

Ａ社の担当者にとって、初対面のあなたから一方的に製品の話を聞かされたり、根掘り葉掘り質問を受けたりするより、まずは自分がよく知っていることについて語るほうが、ずっと気分よくできること。直接的な売り込みではなく、「生保業界での導入のポイントを教えてください」と助言を求められるかたちなら、面談は気軽な雰囲気で活発なものになるでしょう。

「買わないと損ですよ」とでも言わんばかりの強引で攻撃的な売り込みは、相手に警戒心や嫌悪感を抱かれがちです。

そうではなく、「私どもの製品に関してお知恵を拝借したい」というスタンスで臨めば、相手の心理的プレッシャーは軽減されます。自尊心も満たされ、好意的なアドバイスをも

売り込み先を「身内」にする

製品に愛着を持ってもらうには、一緒に手がけてもらうと良いもの。お客様にうまく協力してもらえば身内感覚に。

らえるでしょう。

そして、こうやってできた製品を「あなたのアドバイスのおかげで開発することができた新製品です」と伝えれば、先方のキーマンである情報管理担当者は、まるで自分が作った製品であるかのように愛着を感じるようになるものです。

あなたの会社のことまでも「私が育てた会社」と、身内のように感じてもらえればしめたものです。

「売り込み」を「相談」というかたちに変えて、心理的に相手を巻き込んでしまうセールスも気くばり力のなせる技なのです。

12

司会が言い訳をはじめたら、プレゼンは台なしになりますよ！

聞く準備ができている人に対しては、ポジティブな短い前置きが一番

プレゼンやセミナー、あるいはパーティなどで大勢の人を前にして発言するときは、とても緊張するものです。上手に話せるようになりたいと思っても、「どこから手をつけたらよいのかわからない」という声もよく聞きます。

人前で話すときに、まず重要なのが第一声です。最初からパッと人を引きつけて、その場の空気を盛り上げる人もいれば、冒頭のひと言を聞いただけで興味を失ってしまうような話し方をする人もいますよね。本題はもちろん重要ですが、開口一番の言葉によって、その場の空気は大きく変わってくるものなのです。

さて、あなたが、大きなプレゼンの進行役を初めて任されたとしましょう。大役に張り切りますが、うまくできるかどうか自分も周りの人もちょっと心配です。しかもセミナー開始時間ぎりぎりまで準備に手間取り、緊張したまま本番を迎えました。さあ、皆の前に立ったらどんな言葉から切り出しますか。

梅

「進行役は不慣れなものでお聞き苦しい点も多いかと思いますが…」と断りを入れる

あなたとしては、進行役は本当に不慣れなので、前置きでエクスキューズしておきたいと考えるのは当然でしょう。でも、それは本人にとって気休めになるだけです。あなたの言葉を聞いている人たちに「そうか、聞き苦しいのか」と先入観を与えたら、ポジティブな雰囲気にはなりません。

竹

「私自身、司会進行という初めての大役をいただくことになり、晴れの舞台に非常に張り切っております。皆さまのおかげで…」と自分の意気込みを話す

このような前向きなメッセージのほうが、聞く側にとっては気持ちのよいものです。ただし、長々とした「前説」は興ざめですから、このようなあいさつは手みじかに切り上げるようにしましょう。

「このような機会をいただき、ありがとうございます。それでは、早速…」とポジティブな前置きを手みじかにしたら、すぐに本題に入る。

参加者はプレゼンが始まった時点で、本題に気持ちが向かっているものです。このように、短くさわやかな前置きだけをして本題に移れば、好感度が高くなります。

何らかの会の進行役といった人前で発言する場面で、つい「ぎりぎりまで準備していたので、不備が多いかもしれませんが」「私のような若輩者で恐縮ですが」「自信がないのですが」などと、失敗したときの言い訳を先にしておきたくなる人は多いでしょう。

しかし、最初にネガティブな言葉をだらだらと話すのは、聞き手に対し「これから始まるのはどれだけダメなものか」と事細かに説明し、わざわざ手間暇かけて悪いイメージを植えつけるようなものです。

リズムよく話を切り出す

だらだらとネガティブな言い訳をするより、ポジティブな会話ではじめたほうが、話の説得力が増すもの。

そもそも、その場に集まっている人たちの目的は、あなたの言い訳ではなく、会の本題にあります。

聞く準備ができているのに、本題に入るまで、余計な話で待たされるだけでも、聞こうとする積極的な気持ちは失われていきます。

できる限りすみやかに本題に入って、気持よく聞いてもらえる環境づくりを心がけるべきなのです。

前置きをポジティブな言葉づかいで短くまとめ、余計な先入観を与えずに本題に入るのが、聞く人への気くばりです。

13

人前で話すときには、リハーサルをしっかりやる！

聞く側の立場になってみて、プレゼン上手に

人前で話すのが得意ではないと思っている人は、営業先へのプレゼンなど自分の評価にも少なからず影響するとなると、緊張のレベルはかなりのものになるでしょう。準備してきたつもりでも、頭の中が真っ白になった経験を持つ人もいるかもしれません。

たとえば、あなたの所属する部署がコンペに参加することになったとしましょう。経験のないあなたも、プレゼンで話す機会を与えられました。得意先の幹部を前にして、あなたの持ち時間は20分間。前日まで資料作成などの準備に追われ、大忙しとなるはずです。あなた自身がプレゼンで話す内容について、どんな準備をしますか。

プレゼンで話す内容を整理し、ポイントを箇条書きにしたメモを用意

スクリーンに映したり、紙で配付したりする資料とは別に、自分が話す内容を用意する姿勢はよいでしょう。とはいえ、メモ程度の準備しかしていないと、本番でわかりやすく話すことができなかったり、与えられた持ち時間をオーバーしてしまうかもしれません。

竹

話す内容をすべて原稿として書き起こしておく

自分が話す言葉を全部書き出すというのは素人っぽく感じるかもしれませんが、やはりきちんとした原稿を用意したほうがトラブルは起こりにくいものです。

松

きちんと原稿を作ったうえで、リハーサルを録音・録画し、見落としや問題がないか自分でチェックしてみる

聞く側の立場になることで、自分がわかりやすく話せているかどうかはわかるものです。「えーと」が多い、目がキョロキョロしているなど、印象のよくなさそうな癖なども厳し

くセルフチェックしてみましょう。

なかには、人前で話す経験が少ないにもかかわらず、「その場でなんとかなるよ」と発表のための準備を怠り、メモ書き程度の用意だけで、後はアドリブで話そうとする人がいます。

しかし実際に聴衆を前にして話し出すと、緊張のために途中で支離滅裂になるかもしれません。また、必死になっている本人はうまく話せているつもりでも、早口で聞き取りづらかったり、無意識に「あー」「えー」を連発して、実は聞く側にとってはとても聞き苦しいことになっていた、ということも起こりがちです。

きちんと練習して準備が整っているほうが、話の流れがなめらかで自然に聞こえます。
「作りこまずにその場で話してアドリブなどを入れるほうが、自然体で印象がよいはず」というのは勘違いです。

セミナーの講師などプロフェッショナルな人ほど、きちんと原稿を作り、何度も練習し

無自覚な「よくない癖」を知る

自分が人前で話しているときの声のトーンや口癖、表情やしぐさなど、録画すると気づかなかったことが見えてくる。

て自然にわかりやすく話せるように練習しているものなのです。

話すプロではない人の場合は、なおさら原稿作成と練習が必要です。

リハーサルして持ち時間をきちんと使って話せるようにします。できればその様子を録音・録画して自分の話を実際に聞いてみましょう。録画のほうが、自分の表情やしぐさなども読み取れて得るものが多いのでおすすめです。最近は携帯電話などでも短い映像を録画できますから、これを活用しない手はありません。

自分を客観的に分析し、人に伝わる話し方ができるようになりましょう。

お見送りを受けるときの気くばり

丁寧なお見送りに、しっかり応えよう

お客様がお帰りになるときに、出口まで見送るというのは昔ながらの作法のひとつ。古くからのしきたりを大切にしている企業では、玄関先まで客人を見送る習慣を守っている場合もあります。飲食店や美容院、さまざまなショップでも、お客様が帰るときは店の出口まで見送るようにしているところが多いですね。

またこの他にも、会合のあとタクシーに乗るところや駅の改札やホームで別れるときなど、見送られる場面は日常的なものです。

日頃、誰かからお見送りを受けるときに、あなたはどうしていますか。

14

見送られるということは、相手に後ろ姿を見せることです。ここで気くばりを見せることができると、あなたの印象はぐっとよくなります。

では、あなたが得意先の会社に商談に出かけたとしましょう。予定より少し時間をオーバーして商談は終了。失礼しようとすると、担当者が玄関の外までついてきてくれました。見送られてありがたいのですが、あなたは早く次の商談に向かいたいと焦っているので、挨拶も早々に通りかかったタクシーをつかまえます。まだ担当者は歩道に立っていて、タクシーが出るまで待っている様子です。

タクシーに乗ってから、あなたはどうしますか。

梅

急いでいるので、とにかくすぐにタクシーに出発してもらう

早く出発して、相手をお見送りから解放してあげたいという気持ちもはたらくかもしれません。しかし見送りが習慣となっている会社の人なら、タクシーが視界から消えるまでその場で見守っているでしょう。あなたが一度も振り返らないと、失礼にあたります。

竹

タクシーが走り出したら、軽く振り返ってリアウィンドウ越しに担当者に一礼する

見送ってくれた担当者のほうを振り返ることはとても大切です。ただし、本当に大切なのは、振り返ったことが相手に伝わることです。相手が確実に「あの人はこちらを振り返ったな」と気づいてもらえるように、挨拶したいものです。

松

タクシーに乗り込んだらまずサイドウィンドウを下げ、もう一度先方の顔をきちんと見て挨拶する

窓を下ろす積極的な挨拶が、相手によい印象を与えます。タクシーが出発してからも、先方が見えなくなるまで何度か振り返ると、相手は見送りがいがあったと感じるのでさらに好感度アップとなります。

見送られているときは、こちらが動き出しても、相手はあなたの姿をばっちりと見ています。タクシーに限らず、お互いの姿が見えている間は、振り返って挨拶することを心がけたいものです。それができないと、「気くばりができない人だ」という印象を与えてしまいます。

会合が解散するときなども、同じ気くばりを心がけましょう。他の人より先にタクシーに乗りこんで、なんの挨拶もなしに走り去ったりしたら、その前の場面でいくら印象がよい人でも、確実に好感度ダウンとなります。

気くばりのできる人は、電車のホームなどで見送ってもらうときに、停車時間が長かったら、「どうぞお先に」と相手をお見送りから解放してあげます。そうすれば「気がつく人」という印象になります。

逆に、あなたがお見送りをする側の場面で、相手の姿が見えなくなるまで、その場にとどまって見守るようにすると丁寧な印象になります。相手が振り返って、お辞儀などの挨拶をしたら、こちらもお辞儀をします。間違っても、相手の姿が見えているのに、そそくさとオフィスに戻ったりしないように気をつけてください。相手が振り返ったときに、あなたがもういなかったら、残念な気持ちにさせてしまいます。

15

マナー以上の気くばりは、相手に伝わってこそ

マナーにこだわらず、相手の身になって臨機応変に対応する

ビジネスマナーの一つとしてよく取り上げられるのが、「上座」「下座」です。上座とは目上の人やお客様が座る席、下座が目下の人やお客様を迎える側の席ですね。

原則として、場所が応接室でもタクシーでも、エレベーターであっても、上座は奥の席で、ドアに近いほど下座と決まっています。会社の会議室などであっても、お客様には奥の席をすすめるのが基本です。

マナーは大切な決まりごとですが、すべての場面でマナーにこだわってしまうと、実際には相手に不便をかけることもあります。そこに気づくのが気くばりです。

たとえば、女性のお客様と後輩の3人で一緒にタクシーに乗ることになったとしましょ

う。この場合、上座は運転手の後ろになる奥の席、最も下座は助手席です。後輩は道案内の役目もあるので、迷わず助手席に座らせました。問題はお客様とあなたの席順です。お客様がスカート姿だとしたら、どこに座ってもらいますか。

梅

自分が先に乗って奥まで詰め、「どうぞ」と言う

これでは、マナーを知らない人だと思われてしまいます。

もし、「スカートを履いているから奥の席に乗るのは面倒だろう」と気を利かせたのであれば、とても素晴らしいのですが、その気持ちを相手に伝えず説明抜きでマナーを破るのは危険です。

「乗り降りが面倒ですから、私が先に乗ってしまいますね」などと、ひと言添えることで、「マナーどおりではないのは承知の上」と断りましょう。

ビジネスマナーどおり奥の席をすすめる

マナーを守るのは安全策ですが、「気がつく人」という印象にはならないでしょう。

「スカートでいらっしゃるから、乗り降りしやすいほうがいいですよね」と、手前の席をすすめる

さきに種明かしをしたとおり、マナーをわきまえた上での気づかいであることが相手に伝わってこそ、マナー以上の気くばりと言えます。このようなスマートなおすすめのしかたであれば、相手の好感度はぐっと上がります。

ビジネスマナーとしての上座・下座は、いつでも行動の基本原則です。しかし、とはいってもマナーはあくまで気づかいのための基本型。応用を利かせられたら、もっとよいのです。マナーにこだわりすぎて、高齢者で杖をついている人やスカート姿の女性にまで、車の奥の席をすすめるとかえって「気の利かない人」になってしまいます。

マナーに固執するのではなく、相手の立場になって柔軟に判断するのが気くばりというものです。

そして、あなたの気くばりをスマートにお伝えするのです。

席次マナーの基本を知っておこう

応接室の席次

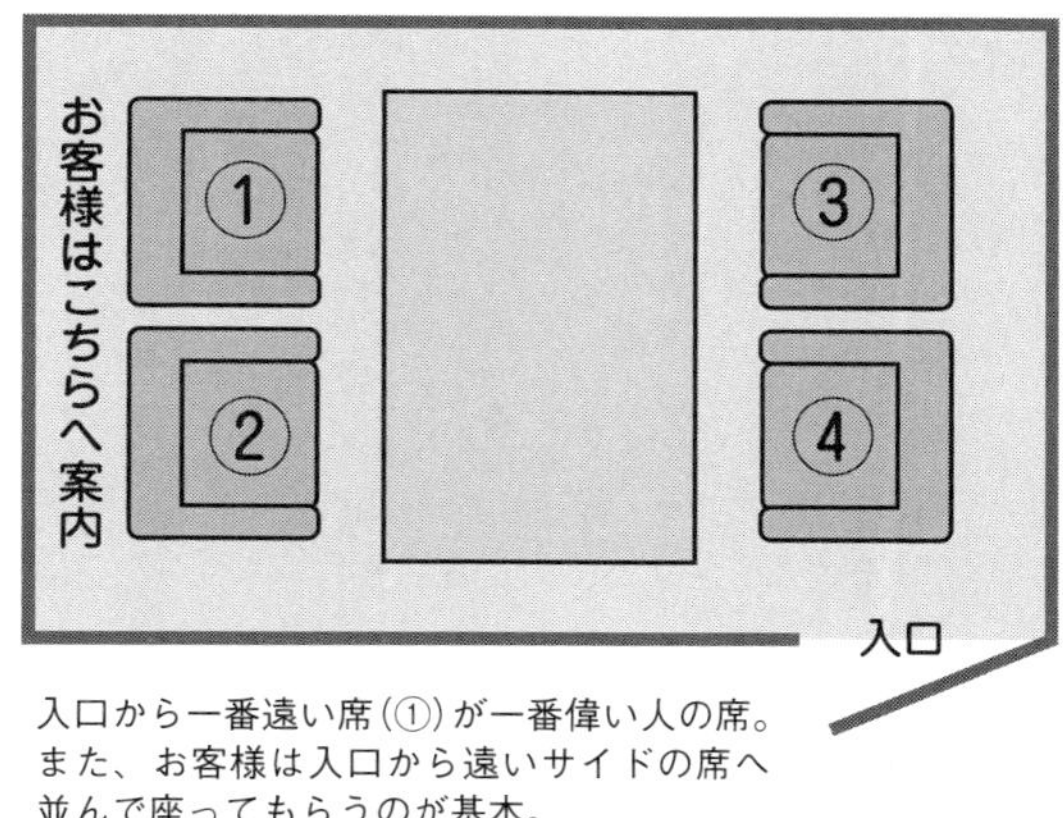

入口から一番遠い席（①）が一番偉い人の席。
また、お客様は入口から遠いサイドの席へ並んで座ってもらうのが基本。

タクシーの席次

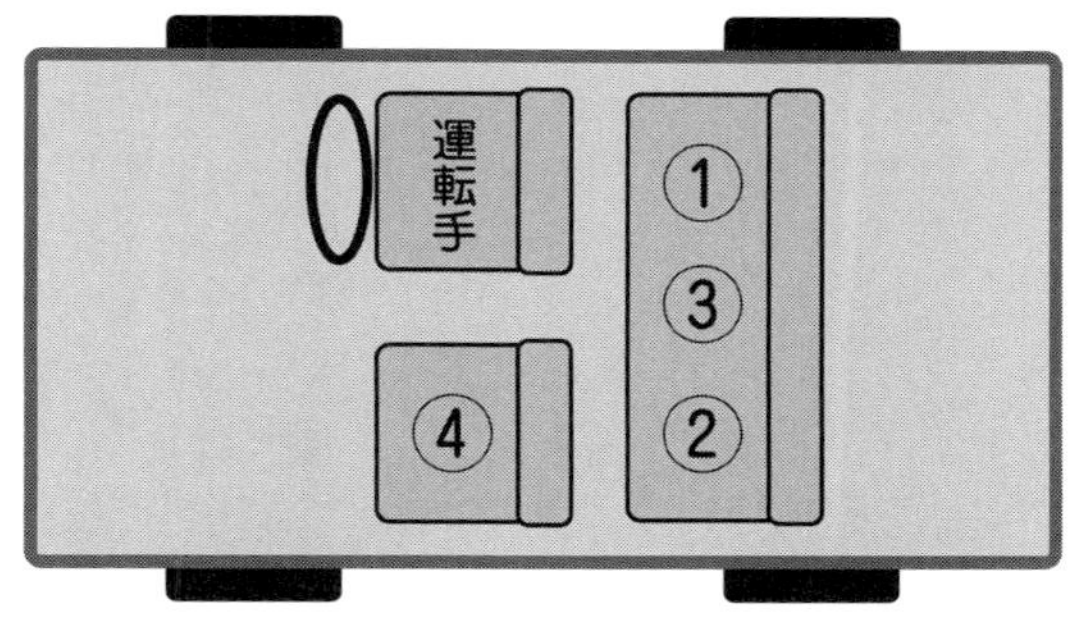

②にお客様を案内するなら「奥は乗り降り面倒ですから、私が先に乗ってしまいますね」などひと言添えて、マナーどおりではないのは承知の上と断って。

誰も気にとめていないことに気くばりできますか？

16

気くばりの視野を広げていこう！

結婚披露宴などのフォーマルな会場ではあらかじめ席が決められていますが、講演会や、会社にもよりますが全社ミーティングなど、座る席を自由に選べる会場もあります。

そんな場面で、あなたはいつも、どのあたりの席を選んでいますか。このような、さりげない誰も気にしていない場面での座席の選び方から、あなたがどれくらい周囲に気くばりできるのかが、見えてしまうものです。

たとえば、ある講演会に出席したとします。チケット完売という人気の講演ですが、早めに着いたので、受講者の姿はまだまばらで席はかなり空いています。今ならどの席でも

大会場でどこに座るかは意外と問題

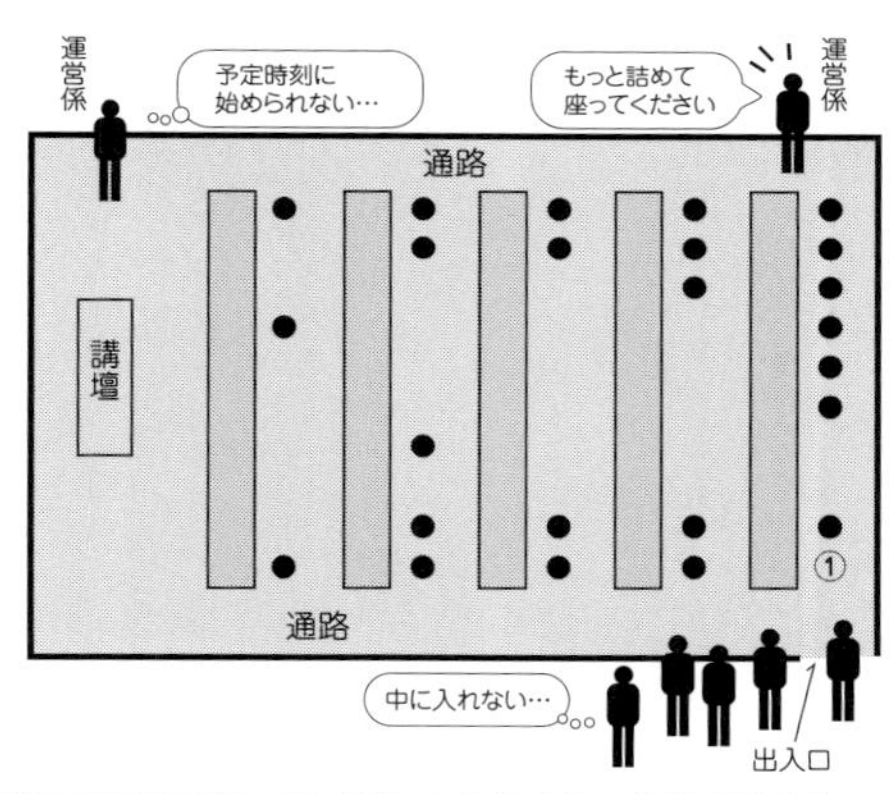

後ろの通路に近い席（①）から座ると、会場が混みあっているのに真ん中や前方の席に誰も座れないということも。

よりどりみどりです。左の図のように、出入口は後ろに1か所だけ、ひとつながりの机に10人ずつ座り、両側に通路があります。あなたなら、どの席に座りますか？

梅 出入り口側に近い、後方の通路脇の席

後ろのほうが気楽、という人は多いでしょう。またすぐ通路に出られる席のほうが休憩時などには便利です。

しかし、後ろのほうから座席が埋まると、講演が始まる頃には空席が前方ばかりになります。

後から遅れてくる人たちは出入口に近いほうが便利ですから、こうした人達に対しても

不親切な選択ということになります。

なるべく前方で、通路側の席

前方に座るほうが身を入れて講演を聞けますから、意欲のある人は前方の席を選ぶことが多いでしょう。

ただし通路側だと、やはり後から来た受講者が奥に入るときに避けたりする必要が生じます。自分も周りも落ち着かないものです。

松

なるべく前方で通路から最も遠い、中央部の席

講師に近く緊張感を持ちながら話を聞けます。また、後から来る人たちのことを考えてもベストな選択です。

講演会で席が通路側から埋まってしまい、会場運営者が「なるべく奥へ詰めてください」と声をかける光景をよく見かけます。

先に通路側に座った人が、足もとに荷物を置いていたりして、後から来た受講者が奥に行こうとすると手間どるということもよくありますね。

率先して通路から遠い前方の席に座ろうと思えるのは、受講への積極性も、周囲への配慮もある証拠です。

自分が席を立つときの便利さを優先すれば、出入口と通路に近い席を選ぶことになります。また、後ろの席は講師の視線も感じませんから、気楽に受講できるでしょう。

しかし、そのような理由で席を選ぶのは、後から来る受講者にとっても、会場運営者にとってもありがたくないものです。

後方で通路脇にある席は、ラクをしたいだけの消極的な人の座る場所と心得ましょう。

誰も気にもとめていないようなことに、自然に親切心を働かせることができるようになったら、あなたの気くばりは満点です。

第２章のまとめ

○自分のことを話すより、相手の話をしっかり聞く営業パーソンが信頼される！

○相手の話の腰を折らないように、無言でうなずきタイミングよくあいづちを打つ！

○ほめられたら素直に喜ぶ！ 相手もそれが嬉しい！

○セールスも、相手をほめることから始めよう！

○商品の良し悪しに加え、店員の気くばりが「この店で買う」決め手！

○商品を売り込むよりも「相談」して、顧客を「身内」に引き込もう！

○プレゼンでの前置きは、ポジティブで手みじかな言葉を！

○人前で話すときは、リハーサルをしてセルフ・チェック！

○人に見送られるときは、丁寧に振り返る習慣を！

○マナーを超えた気くばりは相手に伝わってこそ！

○誰も気にとめないような所作にこそ、気くばりをしよう！

Chapter3

職場での気くばり習慣が、仕事をやりやすくし、ステップアップにつながる

先手必勝のあいさつが、明るい職場をつくる

17

相手の様子をうかがう前に、こちらから明るくあいさつする！

朝、会社に着いた時に、周囲にどのような挨拶をしていますか。

「挨拶は大事」というのは子どもでも知っていることです。ところが、社会人になると、社外はともかく社内では軽視しがちではないでしょうか。毎朝のことですから、入社して何年も経てばなおさら、おざなりな挨拶をしている人が多いものです。

では、実際にオフィスに行った場合のことを想像してみてください。

今日のあなたは、隣の部署に急ぎの用事があるのでいつもより早めに出社し、到着するとすぐにそちらを訪ねました。すでに何人か出社していますが、あなたが入っていっても反応がなくシーンとしています。この部署は挨拶などしない、おとなしいタイプの人ばか

りのようです。しかも現在出社しているのは、あなたより若手の後輩ばかり。こういう場合、あなたならどうしますか。

梅

「どうも」など挨拶もそこそこに、用件だけを口にする

挨拶は義務ではないので非難されることもありません。それでも、気持ちよく一日をスタートできる機会をみすみす逃すのはもったいないことです。

「おはようございます」ときちんと挨拶する

挨拶しない職場の雰囲気の中で自分だけ声を出すのは気が引けます。「無視されてもいいや」という気持ちで挨拶してみましょう。

松

「おはようございます。みんな早いですね」と元気に声をかける

さわやかな「おはよう」に、さらにポジティブな言葉を添えると、愛嬌力もアップします。その場がシーンとしていたとしても、明るい雰囲気にしようという気持ちで、自分から挨拶することを心がけましょう。

朝、会社に着いたら誰が相手でも「おはようございます！」と明るくさわやかに挨拶しましょう。明るい挨拶は、それだけで場をポジティブにできるもの。皆にとって気持ちのよい雰囲気をつくることができます。

「そういう感じの職場ではないから、挨拶すると浮いてしまう」「後輩から先に言うべきだから、自分から挨拶するのはおかしい」などと考えて、自分も挨拶しないというのはネガティブ思考です。また「誰か挨拶してくれたら、自分も挨拶しよう」という待ちの態勢になっていると、「挨拶で雰囲気をよくする」という朝限定のチャンスを逃してしまうでしょう。

誰もやらなくても自分が先鞭をつける、という心構えで挨拶してみましょう。

こちらが決心してポジティブに「おはよう！」と声をかけても、挨拶が習慣づけられていないオフィスでは最初は返事をもらえないかもしれません。それでも、くり返している

挨拶にプラスしたいひと言

○
早いですね！／張り切ってますね。
髪を切ったんですね。素敵です。
今日は気持ちのいい天気ですね。
昨日の（スポーツの）試合、すごかったですね。

×
昨日飲みすぎたんでしょう？
あれ？　髪型、変な感じ。
毎日暑くて嫌ですね。
昨日の試合、ひどくてウンザリでしたね。

一日の始まりにふさわしい、ポジティブなひと言を。言わなくてもいいネガティブな言葉はわざわざ口にしない。

うちに周りも感化されてくるものです。諦めずに実行し続けてみてください。

また「挨拶プラスひと言」があると、印象のよさはさらに増大します。「昨日のサッカーすごかったですね」「昨日のあのドキュメンタリー見ました？」などと話題を振れば、会話を弾ませてさらに気持ちのよい朝にすることができます。

プラスのひと言には、「天気悪いね」とか「だるそうだね」などネガティブな言葉は避けて、ポジティブな言葉を選びましょう。「あ、髪型変えたんだ。素敵ですね」など、ほめ言葉をつけ加えるのもいいですね。

18

気くばりのきいた電話の取り継ぎ方

さわやかに応対し、相手の名前は必ず復唱

仕事をしていれば、職場にかかってきた電話を取るというのは日常茶飯事。他の社員に取り継ぐのもよくあることです。電話への応対は、その会社のイメージを左右する重要ポイントです。それだけでなく、取り継ぎ方によってその人の社内での評価も変わります。

あなたがデスクで仕事をしているときに、部署の電話が鳴ったとしましょう。あなたは手があいているのですが、周りを見回すと自分が取り継がなくても他の誰かにやってもらえそうな状況です。あなたならどうしますか。

梅

自分にかかってきた電話ではないはずなので、なるべく電話を取らない

まだ一人で仕事を任されていない新人や、普段から携帯電話での連絡が多い人などの場合、職場へ自分宛ての電話がかかってくる可能性はほとんどないかもしれません。しかし、電話が鳴ったら先方を待たせないように率先して取るのは鉄則です。さっと電話に出ることで「気がつく人」という印象になります。

竹

すぐに受話器を取り、「はい、○○株式会社です」とお決まりのフレーズで応対する

スタンダードな電話応対です。自社名や「お世話になっております」などの決まり文句もなくてはならないものです。ただし、慣れてくると、機械的で早口になりがちなので、相手への聞き取りやすさを意識しましょう。

「はい、○○株式会社です」と応対し、相手が名乗ったら「□□社の△△様ですね」と明瞭に復唱する

さわやかに応対し、相手の社名・名前をはっきりと復唱しましょう。周囲にも誰から電話がきたのかがわかり、対応しやすくなります。電話をかけてきた人にも、取り継がれるに人も気くばりができている対応です。

電話が苦手な人は多いですが、職場で電話が鳴ったら相手を待たせないように即座に取るものです。とくに新人のうちこそ、片っ端から電話に出ることを心がけましょう。

会社の一員として電話を取る以上、もちろんきちんとした受け答えが要求されます。相手の名前・会社名は慎重に聞き取り、どんな時も正確に復唱することが大切です。会社名や名前を復唱すると、電話をかけてきた側に「ちゃんと対応してくれている」と安心感を与えることができます。

また、そうやって復唱することは、社内の人にもメリットがあります。

たとえば「○○社のAですが、Bさんをお願いします」という電話がかかってきたときに、あなたの目の前にBさんがいたとしても、まずあなたが「○○社のA様ですね。いつもお世話になっております」と応対すれば、それを耳にしたBさんは自分に電話がかかってきたことがわかります。そして、もしBさんの都合が悪ければ「いまはダメ」というサ

打ち合わせ中、かかってきた携帯電話は…

出ないですむなら出ないのが無難。出なくてはならない電話なら、周りの人に事情がわかるように誰からかなどを簡単に断ってから出ると、納得してもらえる。

インをあなたに送れますね。

また、Bさんが不在でも、あなたの応対を聞いた周りの人が、「代わりに私が出ます」と声をかけることもできます。

復唱の中には、実はこうした気づかいがあるのです。

打ち合わせ中などにかかってくる携帯電話も、気くばりひとつで印象は大きく違います。「電話連絡があとで入ります」と先に断っておいたり、「会社から緊急の用件のようです。出ていいですか?」とひと言申し出れば、相手も「どうぞ」と気持よく待てます。もちろん、通話はできるだけ短く切り上げましょう。

雑用は若手の特権と心得ましょう

ふだん言葉を交わすことができない上役に目をかけてもらえるチャンスも

会社にはいろいろな雑用がありますね。お茶くみやコピー取りは代表的な雑用です。他にも給湯室の掃除やシュレッダーのゴミ捨てなどを、社員が分担することもあります。

雑用というと、あまりよいイメージがないかもしれませんが、実は気くばりのあるところを見せるチャンスなんです。

たとえば、次のケースを考えてみましょう。あなたは、転勤してきたばかりの若手社員です。先輩と雑談していたら「うちの部は、一番の若手が部長の朝のコーヒーをいれる習慣があるんだよね」という話が出ました。ところが、上司からそのような指示は受けていません。さて翌朝、部長が出社してきました。あなたは部長にコーヒーを出しますか。

19

まだ正式な指示は受けていないので様子を見る

新米としては指示がないうちは動きづらいものでしょう。まして雑用を嫌がる気持ちがあれば、何か理由をつけて後回しにしたくなります。しかし、先輩社員としては、雑談中とはいっても話したのだから既に指示したつもりかもしれません。

竹

「今日から私がコーヒーを出したほうがいいですか？」と先輩に聞く

雑用でも受け入れようという姿勢は評価できます。とはいえ、どうせやるなら、自分から買って出るくらいの積極性も欲しいところです。

松

前任者に部長の好みを聞いて、部長にコーヒーを持っていく

率先しておいしいコーヒーをいれようというポジティブな姿勢が、よい印象を与えます。「これくらいの濃さでいいですか？」など部長の好みを聞き、次から微調整できるようになるとさらに好感度がアップします。

「雑」な「用事」というネガティブなイメージを抱きがちですが、雑用は若手にとっては大事な仕事と心得ましょう。

まだ経験が浅い若手が、本業や会議でいきなり目立った活躍をするのは難しいものです。だからこそ、雑用の機会にがんばれば、ふだん言葉を交わすことさえ稀な上役や別の課の人に目をかけてもらえるチャンスがめぐってきます。

むしろ「雑用は若手の特権」という気持ちで率先して引き受け、気くばりできるところを周囲にアピールしていきましょう。

部署のみんなの飲み物をいれるなら、最初にそれぞれの好みを確認し、頭に入れておきます。

お茶は熱いほうがいいという人もいれば、ぬるめが好きな人もいます。また、コーヒーに砂糖とミルクをたっぷり入れる人もいれば、ブラックがいいなどの好みがあります。

はっきりと指示されていなくても、相手の求めているものをくみ取って、それぞれに応

飲み方の好みは何度も聞かない

コーヒーを頼むたびに「ミルクとお砂糖は？」と聞くような部下だと「気が利かないな」という評価に…！

えていく柔軟性は相手に好印象を与えます。

「部長のコーヒーは、ブラックで濃いめであまり熱くなく」「課長は薄めのコーヒーで砂糖なし、ミルクはたっぷり」など、それぞれの好みどおりにして毎日出してみましょう。

雑用であっても、日々の積み重ねはあなたの実績となります。「この人にお茶を頼めば、いちいち説明しなくてもいつも好みのとおりに持ってきてくれる」と信頼してもらえるようになるのです。

他の人が気にもとめない雑用であっても、きちんと対応していけば、「いつも自分の期待に応えてくれる人」というイメージを、職場で獲得できます。

相手を責めそうになったら、ほめ言葉に変換！

ちょっと言い方を変えるだけで、相手は不快にも上機嫌にもなる

会社にいると、何かと「確認する」ことが必要になってきます。「コピー機に残ってるこの書類は誰の？」「傘立てにずっとある傘は誰の？」など、放置されたモノの所有者を捜索するといったこともありますね。

問いかけた本人は「書類が行方不明にならないように」とか「オフィスをキレイに」とか前向きな理由から聞いていたとしても、この種の確認は、言い方によっては責任追求のように聞こえます。何度も「これあなたの？」などと聞いていると、うるさいヤツと思われがち。職場の雰囲気を悪くしたり、人間関係をギスギスさせる原因にもなります。

20

たとえば、あなたがオフィスを掃除していたら、持ち主不明の高級菓子の箱が出てきたとします。賞味期限も近いので、早く片づけてしまいたいところです。あなたの経験では、こんなふうにもらったお菓子を放置しておくのはいつも部長なので、問題の箱を持っていき本人に確認しようと思います。こんな場面も気くばりの有無で印象は大きく違います。

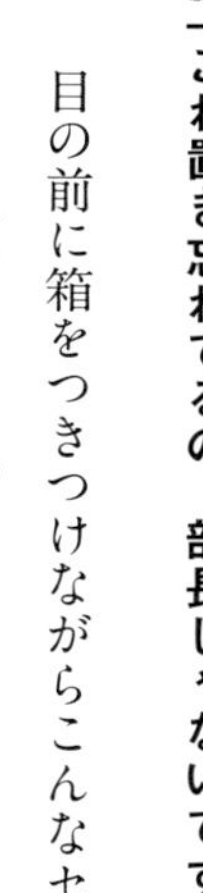

梅

「これ置き忘れてるの、部長じゃないですか？」

目の前に箱をつきつけながらこんなセリフを言えば、口調によってはひどく非難しているように聞こえます。ストレートに聞いてしまうのは、確かに手っ取り早い方法ですが、本当に部長のものだったとしても、よい気分ではいられないでしょう。

竹

「こんなお菓子があったんですが、どなたのかご存知ですか？」

最初から部長のものだと決めつけるのではなく、「部長ならご存知かもと思って」という態度を取るのは、非難しないようにという気づかいの表れです。「ああ、私のだ」と部長も気分を害さずに、引き取ってくれるでしょう。

「こんな高級なお菓子をいただけるのは、部長ですよね？」

質問としては「部長のでしょう?」と聞いているのですが、「高級なもの＝部長」と相手を持ち上げる台詞に変換しています。ただの確認なのにほめ言葉になっているので、部長も「ああ、忘れていたよ」と気分よく認めてくれるはずです。

確認するセリフひとつで、相手が「非難された」と嫌な気分になることもあれば、「なんだかほめられた」とよい気分になることもあります。

右のような気づかいのある言葉なら、単なる確認が人間関係をなめらかにする潤滑油となるのです。

たとえば、もらった年賀状をいつまでも机の上に山積みにしている人がいて気になったとしても、「片づけないんですか?」「もう2月ですよ」などと言ってしまうと、相手は非難されたと感じるでしょう。ただ年賀状を片づけてほしかっただけなのに、人間関係がぎくしゃくしてしまいます。

確認の言葉をほめ言葉に

「これ置き忘れたの○○さん？」だとギスギスするけど、「こんなステキなものは○○さんの？」なら潤滑油に。

「片づけて」とは一切口にせず、「あなたは運がいいから、きっと当たってますよ！」と当選くじリストを渡してみたらどうでしょう。相手が調べるついでに、片づけてもらえます。非難することなくほめるようにすれば、相手はムッとしないどころか気分がよくなって、ポジティブな空気が生まれます。

相手を責めそうになったら、ちょっとしたほめ言葉に変換するように心がけましょう。コピー機に残っていた書類も「こんなきれいな資料をつくるのは、○○さんですよね」と言ってみるだけで、人間関係はなめらかになりますよ。

出張土産を配ってもらったときの気くばり

21

買ってきた人の気持ちを、きちんと受けとめてあげる

出張した人が、その地方のお菓子を職場のお土産に買ってきてくれるというのは、よくあります。もうそれが慣習のようになっている職場だと、何気なく受け取っている人も多いと思います。

出張土産がみんなに配られて、あなたにも回ってきた。そんなときにも気くばりを発揮することはできます。もらったお土産をきっかけにして、よい人間関係を築けます。

たとえば、誰かの出張土産のおまんじゅうを、若手の女性社員が配っているなんていうシーンでの、あなたが受け取るときの「気くばりの松竹梅」はどうでしょう。

「あ、じゃぁそこに置いといて」などと言うだけ

「お菓子が好きではない」とか、「いつももらうから」などという理由で、お土産に興味が持てない人もいるでしょう。

それでも、「誰がどこから買ってきたお土産なのか」さえまったく聞かないのは、買ってきた人への配慮がないということになります。

「どうぞ」と差し出した社員も、「配りがいがないな」「この人には渡さないほうがいいのかな」などと思うかもしれません。

「どうもありがとう」「あ、美味しそう」など喜んで受け取る

感謝や喜びの言葉を口にして受け取れば、お菓子を配っている人は気持ちがよいでしょう。その場の雰囲気も悪くなりません。

ただ、買ってきた人が誰なのかを知らないままでも平気というのは、気くばりが足りていない証拠です。

「ありがとう。どこのお菓子？　○○さんが買ってきたの？」などと感心する

誰が買ってきたのかをきちんと確認しつつ、「あ、これって美味しいよね」「へぇ、福岡のお菓子なんだ。有名なの？」など興味を示せば、お土産を買ってきた人への気持ちを受けとめて感謝することができます。もちろん、配っている社員も「配ってよかった」と嬉しいものです。

たとえもう見飽きたようなお土産でも、買ってきてくれた人にきちんと感謝の気持ちを伝えていく気くばりが大切です。

配られたときに誰のお土産か確認することはもちろん、買ってきた人に対して「いただきます」「おいしいですね」と感謝の気持ちを伝えることも心がけましょう。

もしも食べるときに直接お礼を言うタイミングがなくても、後で会ったときには「おいしかったです。ごちそうさまでした」「あのお菓子初めて食べました」などと伝えます。

お土産を買ってきた人の気持ちを受けとめると、人間関係を育てることができます。

お土産の箱を置いておくなら

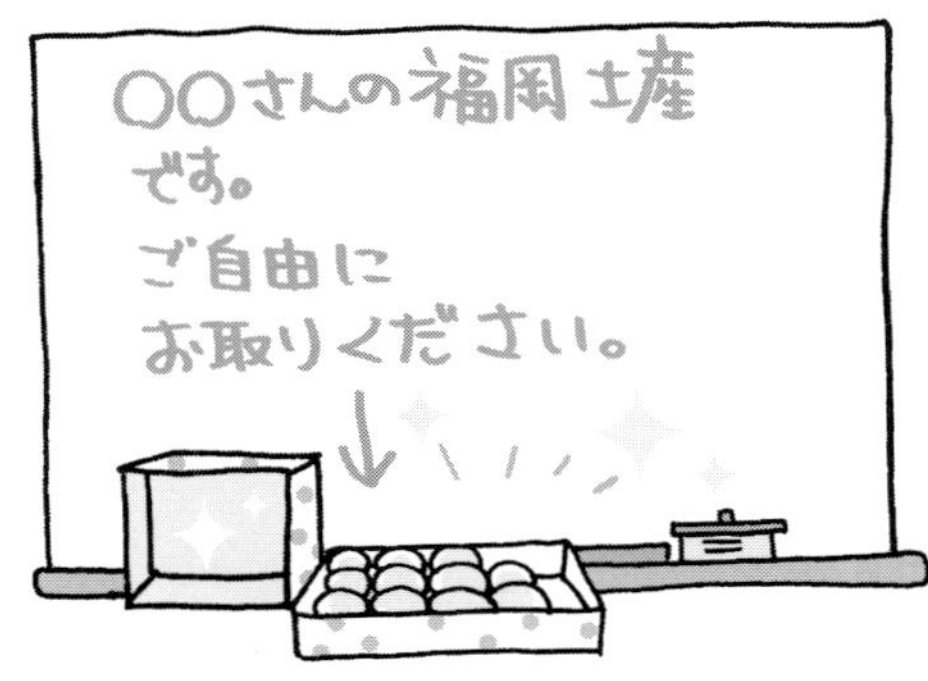

配らずに各自自由にとってもらうなら、「○○さんのお土産です」と板書したり、フタの裏に書いて立てるのも◎。

また、お土産の分配を任された人が、配りながら「○○さんから、△△市に出張した時のお土産です」と言い添えたり、オフィスに不在の人へ付箋メモなどをつけて配ったりすれば、持ってきた人ともらった人をつなげることができます。

痛みやすい生ものであれば、「早く食べてくださいね」とすぐに配るようにしたり、不在の人の分は冷蔵庫に入れておいて、戻ったときに渡すように配慮するのも、気くばりのひとつです。

22 忙しいときに、急に打ち合わせを頼まれたら

無理とは言わずに、逆提案できるようになろう

職場で何かを「断る」というのは、なかなか難しいものです。断り方によっては、人間関係がギクシャクしてしまうこともあります。つい断れなくて、なんでも引き受けてしまうという人もいるでしょう。

人間関係をこわすことなく、仕事しやすい環境をつくっていくには、断り方にも気くばりが必要です。

たとえば、あなたが忙しく仕事をしている最中に同僚が現れて「急で悪いけど、例の件、いますぐ打ち合わせできない？」と言ってきたとします。同僚は、「どうしても今日中に検討が必要な状況になってしまった」と言っています。とはいえ正直なところ、あなたも

すぐには手を放せない状況です。あなたなら、同僚に対してどう答えますか。

「そんな急に言われても、こっちも忙しいから無理」とすぐに断る

忙しいのは本当なので、しかたないと言えなくもありません。しかし、相手に交渉の余地も与えない態度を取ると、融通の効かない冷たい印象を与えてしまいます。

「こっちの仕事も緊急だから、終わるまで待って」と頼む

素っ気なく断ってしまうよりは、気づかいを表せている言い方です。同僚も納得して「じゃあ、終わったら声かけて」と引き下がってくれるでしょう。ただし、あなたの仕事がいつ終わるのかわからないので、安心感はいまひとつです。

松

「15時以降なら大丈夫」と具体的な時刻を提案する

「いますぐ」という相手の要求には応えられなければ、断るしかありませんが、その代わりに「2時間後なら」など、こちらから具体的な提案を出すのは思いやりのある返答です。

具体的なので相手も安心できます。

仕事をしていれば、誰でも忙しいもの。相手の都合だけで「急きょ打ち合わせを」「今すぐ手助けして」などと頼まれても、すぐに調整できないケースも多いものでしょう。

しかしながら実際には、無理な対応に迫られることもあります。この時に「急に言われても困る」「無理です」などと即座につっぱねてしまえば角が立ちます。頼んだ当人も「無理を言っている」とわかっていても、あなたにマイナスイメージを抱いてしまうでしょう。

無理を言われたときのポイントは、「無理だ」と言わないことです。

さきほどのような場合なら、「○時なら」「夕方なら」など具体的な代案を出しましょう。調整が必要なときも、「打ち合わせできる時間帯を連絡するから、30分待って」など、つねに具体的に伝えるようにします。

このように融通が効くというのも、大切な気くばりです。相手の言う無理な要求に対して否定的な態度を取らず、ポジティブな答えを出せる人は、円滑な人間関係をつくること

依頼するにも思いやりを

「来週、打ち合わせをしたいのですが、ご都合がよいのは？」
とできるかぎり余裕を持って聞くのが相手への気づかい。

ができます。

逆に、あなたが打ち合わせを依頼する立場であれば、やはり相手への気くばりを心がけましょう。

たとえば、「どうしても急ぎで打ち合わせしたい」という場合に、「例の件で今日中には打ち合わせをしたいんですが、いつなら時間をとれますか？」と聞くほうが相手は答えやすくなります。

もちろん、もっと余裕を持たせて依頼するほうがベターです。

「今日、明日だったらいつがいいですか？」など、できるかぎり余裕を持たせて聞くようにしましょう。

部下を叱らずに反省させる方法

自分で間違いに気づかせる最高のコーチング術

他人を叱るのは、心地よい行為とはいえません。会社での上下関係がはっきりした中であっても、部下のミスを指摘することに難しさを感じている人もいるでしょう。

一方で、叱ることで、相手をポジティブな気持ちにさせる「叱り上手」な人はいるものです。あなたの叱り方はどうでしょうか。次のケースについて考えてみてください。

あなたは5人の部下を抱える管理職です。先週、部下全員に企画書の提出を指示しました。ところが提出日になっても、1人だけ未提出者がいます。本人にも言いたいことがありそうので、会議室に呼び出して2人で話すことになりました。提出日を守っていないことを指摘して反省させたいのですが、どんな指導をすれば効果的でしょうか。

23

梅

「未提出者は君だけだぞ！」と口ごたえさせずに説教

たしかに、提出していないのはこの部下だけですから、反省しなさいと言いたくなります。しかし、部下としては言い分も聞いてもらえず、頭ごなしに自分を否定されたら、反省する気持ちがあったとしても、その気持ちはどんどんしぼんでいってしまうでしょう。むしろ、反抗心が育つばかりです。

竹

「なぜ提出しなかったのか？」と聞いて、冷静に考え違いを指摘

まず自分の話を聞いてもらえれば、叱られる部下も素直にあなたの話を聞くでしょう。それでも最後に否定されたら、やはり反発したくなるでしょう。

松

未提出の理由をひととおり聞き、これを復唱して「他に理由は？」とさらにたずねる

相手を一切否定せず、提出しなかった理由を1つひとつ列挙させます。部下本人が挙げた理由をあなたが復唱すると、だんだん部下も自分の言い訳を客観的に考えるようになってきます。そこでさらに、「他に理由は?」と聞いていけば、自分が苦しい言い訳をしていることに気づいて、部下が自然と反省する流れになるはずです。

部下の不備やミスを反省させるために激しく叱責すれば、たしかに謝らせることはできますが、人間関係にはわだかまりが生じます。その後のコミュニケーションが取りづらくなると、叱ったことがアダとなってしまうでしょう。

叱る目的が、本人に反省してもらうことなら、やたらと相手を否定して反発心を抱かせる必要はありません。

このケースのように、期限を守れなかった人に、「できなかった理由」を列挙させると、たいてい「忙しかった」「時間がなかった」などと答えます。そうした事情はたいてい一般的で、他の「できた」人にも当てはまるものしか出てこないものです。

こちらがすべて受けとめてから、「時間がなかったんですね」「打ち合わせが多かったんですね」などと復唱し、部下に自分の理屈を客観視する機会を与えると、自ら考え違いに

叱らなければいいい？

相手に気づかせるといっても、失敗のあった部下をただ放置しておくのは「相手にもしてもらえない」と部下が絶望する原因に!

気づいてくれます。そして、自然と反省できるはずです。

あなたが一方的に「お前はダメだ」と「叱る人」になると反発されるだけです。問題があるのは部下のほうだったとしても、その部下が「あのヒトはわかっていない」「あいつの仕事はしたくない」などと思いこんでしまうと、どんどんコミュニケーションが取りづらくなります。

逆に自分の間違いに「気づかせてくれた人」との間には、信頼関係が生まれます。

叱りたくても叱らず、自ずと気づくように注意深く導くのがよい上下関係を保つ気くばりです。

上司の意見に異論があるときの気くばり

異論を唱えるより、まず相手を肯定し、相談のかたちにする

24

会議はさまざまな意見を交換して、相談していく場です。同じ意見ばかりでは視野が狭くなってしまいますから、ある意見に対して違う意見を出すのは当たり前のことです。

一方、実際の会議で誰かに「意見する」というのは、なかなか難しいものです。言い方を間違えると、まるでケンカを売っているように受け取られます。その後の人間関係がギクシャクする可能性もあります。

とくに難しいのは、自分よりも上の立場の人の意見に対して、反対意見を伝える場合でしょう。自分の考えを述べたせいで上司や先輩に悪い印象を持たれたら、将来的にマイナスになるかもしれません。「言いたいけれど言えなかった」という経験をしたことのある

人も多いのではないでしょうか。

このようなとき、どうやってあなたの意見を伝えるのがよいでしょう。たとえば、会議で上司が来期案を提示したのですが、どうも自分たちの現場感覚とはズレがあるようです。自分の腹案のほうがずっと優れているようにも思えます。あなたは、いますぐこの場で異論を唱えますか。それとも、何か別の手段で自分の意見を伝えますか。

梅

「いまのご意見とはまったく異なりますが」と真っ向から反論する

その場で「違う意見です」と自分の考えを述べるのは正攻法かもしれません。しかし、現実は、いきなり部下が上司に反対してみても、聞き入れてもらえる確率は低いでしょう。上司の意見を全否定したら、まともに取り合ってくれなくなります。

竹

「いまのご意見には共感しますが…」と言ってから持論を展開する

上司の面目を保とうという姿勢です。それでも、会議中に上司にタテついたような、不穏な空気が流れる危険性は高いですね。また、「共感」「同感」という言葉は、自分と同レベルの立場か、それより下の人間に対して使うようにしましょう。目上の人に、「私も同じように感じます」と言うと、不遜で失礼だと感じる人もいます。

会議後、「さっきの素晴らしいですね」と上司の案をほめてから、「私も考えたのですが」と相談をもちかける

その時の会議の雰囲気にもよりますが、若手なら会議で直接勝負を挑むより、個人的に攻めることを選んだほうがいいでしょう。まず相手をほめてから、「意見する」よりも「相談する」という方向で話をすれば、上司も「聞いてやろう」という気持ちになります。

どんな相手であっても反対意見を述べるときに角が立たないようにする秘訣は、まず相手の意見に「すごい！」「素晴らしいですね！」と感嘆することです。ほめてから話を進めれば、ギスギスした雰囲気になりません。

さらに相手が目上の場合は、会議後に「私が考えた案も聞いていただけますか？」と個人的に相談しましょう。話すうちに、自説の至らない点を発見できるかもしれません。

上司の意見に「共感」?

上司の意見に賛同して「共感しました」は×。まるであなたが上司と同等以上のよう。「感嘆」「感動」「感激」ならOK。

なお、あなたの意見が受け入れやすくなるかどうかは、会議中の態度も影響してきます。発言者の顔を見ながらメモを取ったり、うなずいたりしていれば印象がよく、後からその人に相談を持ちかけた場合も、積極的に耳を傾けてくれるでしょう。

逆に腕組みをしたり下を向いたりして、発言者の意見に不満があるような態度をとっていると、どんなに素晴らしいアイデアを持っていたとしても、その人に聞き入れられる確率はダウンします。

けっしてゴリ押しせず、相手を尊重しながら自分の意見を通すのも愛嬌力です。

周囲のネガティブ思考をはね返すフレーズ

25

ネガティブ・ストロークをポジティブ変換する「切り返し上手」になろう

仕事が充実しているときは、忙しいけれど楽しくもあります。そんなときに、「忙しそうだけど、大丈夫?」などと、誰かから心配されてしまったことはないでしょうか。

「大丈夫?」「顔色悪いけど、寝てないんじゃないの?」などという言葉をかけてくる相手は、おそらく親切心から言っているのでしょう。

「心配している」というメッセージは、消極的な発想から来ていることがあります。「忙しくしている人=大変でかわいそうな人」というネガティブ思考です。

あなたの答え方によっては、あなたも相手も、さらにネガティブな雰囲気におちいってしまいます。

このような場合の気くばりの利いた切り返し方について、考えてみましょう。

梅

「そう、本当に大変で」と相手に調子を合わせる

「大変です」と暗い雰囲気でストレートに答えることは、相手への気づかいのある答え方かもしれませんが、本当はそうは思っていなくても、「残業続きで参った」などと、相手の発想に合わせてしまうと、自分もネガティブな気持ちになってしまいます。相手のネガティブな発想に同調してばかりでは、暗さをはね返せません。

竹

「大変だけど、まぁ、なんとか大丈夫」「うん、でも平気、平気」とかわす

ネガティブ・ストロークから身をかわす答え方です。ただし「大変」ということそのものは肯定してしまっていますよね。

「はい、おかげさまで」とにっこり笑って答える

相手の言う「大変」を受け流して、ポジティブに答えています。「おかげさまで、面白いですよ」などという言い方もできますね。ネガティブさを反転できるように、ポジティブな答え方をすることがポイントです。

忙しくてもやりがいのある仕事をするのは、喜ばしいことです。

そんな人を前にして「大変だね」「辛そう」「大丈夫？」などと声をかけたなら、たとえ純粋な親切心からだとしても逆効果です。あなたは相手にネガティブ・ストロークを放つことのないようにしてください。相手を気づかっているように見えて、実はとても気くばりに欠けた声のかけ方なんです。

あなたは気をつけていても、こうしたネガティブ・ストロークは周囲から日常的に飛んできます。同調したら自分もそんなネガティブな気分になってしまいますから、そういう

「最近疲れてない?」は聞き流す

「顔色悪いね」「寝てないでしょう」などの言葉は、言った当人は親切なつもりでもネガティブ・ストローク全開!

ときは素早くはね返しましょう。

ただし、いくらはね返すとはいっても「大変ではないですよ」「こんなの忙しいうちに入りませんから」などと、真っ向からその言葉を否定すると角が立ってしまいます。相手は「せっかく心配しているのに」とムッとするかもしれません。

「お陰さまで」と笑顔を見せるのが、最も気くばりの利いた答え方です。

「忙しくて嬉しい」というポジティブな気持ちで、ネガティブ・ストロークをやんわりポジティブにかわすと、相手も否定されたとは感じませんし、その場のネガティブな雰囲気も回避できます。

教えがいのある人になれば、より多くを教えてもらえる！

教えてもらう前に自分で努力してみることが大切

自分がこれから知りたい分野のことに関して、その道の専門家や経験者に先生になってもらえたら最高ですね。ただし教わる相手から「教えがいがあるな」と思ってもらえるかどうかで、教われることのレベルは変わってきます。教えがいのある人になるには、どうすればよいでしょうか。次のケースで考えてみましょう。

もうすぐあなたの友人が結婚式を挙げるのですが、披露宴の友人代表スピーチを頼まれてしまいました。場を盛り上げる面白いスピーチ原稿を書きたいのですが、初めてのことなので失礼にならないか不安でいっぱいです。経験豊富な先輩に教えてもらおうと思います。あなたなら、どんな頼み方をしますか。

26

梅

「全然わからないんで」と白紙の状態から相談する

まったくどこから手をつけてよいのかわからない、という相談のしかたです。本心かもしれませんが、何の準備もせずに丸投げで相談すると、教えてもらって楽をしようという態度と受け取れます。教える側もやる気をなくしてしまいそうです。

竹

「まだ書き出しだけですが」と途中段階を見せて相談にいく

未完成でも原稿を書く努力をしてから相談するなら、積極性が感じられて好印象です。頼られたほうも「教えよう」という気持ちになるでしょう。

松

「これで失礼ではないでしょうか？」と書き上げた原稿のチェックを頼む

自分の力で調べたうえで原稿を書き、「この部分に自信がないので」という具体的な相談なら、先輩もトコトン面倒を見てくれる可能性が高くなります。

先輩など経験者に何かを教わるなら、まず自分でその方面の解説本を読んだり、ネットで調べたりしましょう。できる限りの努力をしてから教えをこう人なら、相手も「そこまでがんばっているんだから」と積極的に教えたくなるものです。

また、そうした努力の結果、自分の足りない点について、具体的にポイントを絞った聞き方ができるようになります。その分、ピンポイントに深く教えてもらうことができます。

逆に何の努力もせず「お客さん」状態だとしたら、相談を受けたほうもなかなか「できる限りのことを教えよう」という気持ちにはなれません。相手の気持ちを考え、よい人間関係の中で最大限に教えてもらえるような教わり上手の気くばりを身につけたいですね。

自分の努力によって、教わる内容が変わってしまうのは、社内研修などの学びの場でも同じです。

受講者が受け身の態度で何のリアクションもしないでいると、会場全体が白けた雰囲気になります。講師も人の子ですから、そんな雰囲気の中で話を盛り上げるのは難しくなります。講師は実力を発揮できず、内容もつまらないものになってしまいがちです。

「教えてください」の前に

ゼロの状態から全部教えてもらおうというずうずうしい「生徒」では、「先生」もやる気になるはずがない。

講義の内容を最高のものにして、最大限に教わるためには、講師を乗せてしまいましょう。ニコニコと講師を見ながら、時にはメモを取り、うなずき、そしてタイミングよく「なるほど」とあいづちを打ったりしていれば、講師のやる気は増大します。

そして講義そのものが充実した内容になっていくのです。

「自分たちはお客さんだから」とたかをくくらず、壇上の講師とも人間関係を結んでしまうのです。

実は、社内研修後に、講師に受講者の印象をたずねる会社もあります。積極的な態度を取っておけば、こういう場合にも安心です。

27

同僚より先に退勤するときの気くばり

明るくさわやかに「お先に失礼します！」

一日の仕事を終えて、オフィスを後にするときにも挨拶は大切です。ただ、まだ残って仕事をしている人に声をかける時は、先に帰ることに後ろめたさを感じることもありますね。人によっては、帰ると言い出せずに意味もなく残業してしまうこともあるかもしれません。

気まずいからといって、何も言わずに姿を消すのは論外。それでは、あまりにも失礼です。さわやかに挨拶をして帰れたら、あなたも残っている人も気持ちがよいでしょう。

では、さわやかな退勤の挨拶はどうやったらいいのでしょう。まだ残業している人たちに、何と声をかけるのが、気配りでしょうか。

梅

「無理しすぎるのはよくないですよ」と気づかう

「自分も今日はがんばったけど、同僚はがんばりすぎなのでは？」という心配の気持ちからの言葉かもしれませんが、何の解決にもつながらない言葉です。声をかけないよりはよいのですが、余計なお世話と思われる可能性もあります。

「お互い働き過ぎだよね。がんばろうね」と励ます

同じがんばる者同士として、共感を求める言い方です。でも「働き過ぎ」の基準は人によって異なりますから、安易に共感を押しつけるとよくない印象になるかもしれません。

松

「お先に失礼します！」とさわやかに言う

決まり文句でも、声をかけるだけでお互いに気持ちがよいのが挨拶の言葉です。余計なことを言わず、明るくさわやかに言うことがポイントです。

まだ仕事をしている人がいるのに、自分が先に退社するというのは、少し気の引けるシチュエーションです。

だからといって、上司や先輩に「私、先に帰ってもいいでしょうか?」と聞くのも考えものでしょう。

自分だけ先に帰ることで「悪く思われたくない」という気持ちがあったとしても、あまり深刻な顔で聞いてしまえばネガティブな雰囲気になってしまいます。

何も言わずコッソリ帰るのは論外ですが、何か気のきいたことを言って帰ろうとすると、つい「大変だね」などと声をかけてしまうことにもなりがちです。

これは、がんばる人にはネガティブ・ストロークですね。「あまり無理しないほうがいいよ」と心配してみせれば、やはり「あなたは無理していますね」とネガティブ・ストロークを放つことになります。

また、その気もないのに「手伝いたいくらいだけど」などと声をかけるのも無責任です。「それなら、手伝ってくれればいいのに」と思われてしまいます。

がんばっている人へのNGワード

がんばっている人に「大変だね」とすぐ口にしてしまう人は「自分は大変になるほどがんばっていない」と宣言しているようなもの！

「たまにはゆっくり休んだほうがいいね」も、やはりがんばっている当人には余計なお世話ですし、「これが終わったら、温泉にでも行ったらいいよ」と言うのは、自分が旅費を出すわけでもないのだから無責任なセリフです。

親身になっているつもりで、ネガティブ・ストロークを放ったり無責任なセリフを口にしないよう気をつけましょう。

残った人にネガティブさも無責任さも感じさせず、気持よく退社できるのは、明るくさわやかな「お先に失礼します」です。

もっと具体的に相手を励ましたいなら、小さな菓子や飲み物を差し入れるなど、実のある行動で表しましょう。

28

相手を不快にさせない飲み会の断り方

参加したい気持ちと次回への意欲を伝えてみる

職場の人と飲みに行くというのは、もちろん仕事ではありません。ただの「つきあい」だからこそ、コミュニケーションを円滑にして仕事をしやすくする機会となります。

ちょっと困るのは、飲み会の誘いを断るときです。とっさに下手な断り方をすると、「つきあいの悪い人」という印象を与えてしまうでしょう。

だからといって「どうしようかなあ、行こうかなあ」といつまでも悩むのは、「本当は行きたくない」と言っているようなもの。なるべく素早く返答することも大切です。

では、飲み会の誘いを断らなければならない場合に、相手を不快にさせないためにはどんな言い方をしたらよいでしょうか。

たとえば、あなたが会社でひとりで残業しているところを、思い浮かべてください。

ケータイが鳴り、ときどき一緒に飲みに行く先輩たちから「これからどう?」とお誘いを受けました。

しかし、どうがんばってもまだまだ仕事は終わりそうにありません。どう言って断ればいいでしょうか。

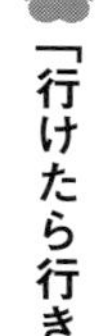

「行けたら行きます」

断るのでもなく、行くとも言わない、意思表示を避けた返答です。しかし相手があなたのことを「来るかもしれない」と期待して席や料理を取っておいてくれるかもしれません。

「行けません」とはっきり言うことを避けたせいで、迷惑をかけてしまいそうです。

竹

「今日はこの後帰ります。すみません」

行けないのなら「行けない」とはっきり断ったほうが迷惑はかけません。でもあまりに正直に言うと、誘ったほうとしては「つれない返事だな」とムッとする可能性もあります。

「行きたいのですが、まだどうやっても仕事が終わりそうもないんです。でも次回は必ず参加します！」

ただ断るのではなく「行きたいのですが」と気持ちをきちんと伝えてから、体調不良やどうしても抜けられない用事を理由にすれば、相手も納得して「しかたがないな」と思ってもらえます。また「次回に」と未来の話をつけ加えたら、「断った」という印象はほとんど残りません。

飲み会に誘った側の立場で考えてみましょう。一番困るのは、誘った相手がはっきり意思表示をしてくれないことです。店を予約する時に人数を確定できなくて困りますし、「あの人は来るかもしれないから」と席を取っておいて、料理も取り分けておいたのに結局ずっと空席のままだったら、その場が盛り下がってしまいます。

誘いを断りたくても「悪印象を与えたくない」「今後の仕事の人間関係に差しさわりがありそう」などと心配になって、「行けたら後から行く」とあいまいに答えてしまうのは、

相手に不快感を与えます。もしそう答えてしまったら、迷惑をかけることになる前に、早い段階で幹事役の人などに行けないことを伝えましょう。

こうしたややこしさを避けるには、飲み会に対するスタンスを決めてしまうのも得策です。「常に参加」か「常に不参加」と自分の立場を決めてしまいましょう。

自分のスタンスがはっきりしていないと、「忙しい」と言っても「後から来られる?」などと聞かれてしまいます。たとえば「つねに不参加」というスタンスでいれば、たまに参加しただけで「お、今日は来たんだ」「珍しいね」と歓迎されますよ。

自分も相手も、どちらも正しいという発想

29

見解や好みの違いで人間関係を壊さないこと

休憩時の雑談や飲み会の席などで相手と交わす、趣味や好みの話がきっかけで仲よくなることがあります。

食べ物や映画、スポーツ、ファッションなどの話をしていると、ふだんは無口なのに映画のことになると饒舌になる人がいたりします。同僚の仕事中には出さない側面が見えて、新しい発見をすることもありますね。また仲良し同士で人間関係を保つにもよい機会です。

一方、こうした会話の中で「違うんじゃないかな?」と見解の相違を感じることもあるでしょう。

たとえばあなたが仲のよい同僚と会社で雑談していたところ、同僚はコンビニで買って

きた牛乳を飲みながら「最近カルシウム補給を心がけていろんな牛乳を飲んでいて」と、牛乳のウンチクを語りはじめました。やたらと詳しいのには感心するばかりです。ところが、あなたは豆乳のタンパク質が体にいいと聞いて、実はこのところ豆乳派になっています。相手の話に反論したくなってきましたが、あなたならどう会話を続けますか。

梅

「牛乳より豆乳が体にいいらしいよ」と伝える

あなたは「そのほうが健康によい」と信じていますから、心から同僚のことを思ってアドバイスしたのでしょう。ところが、相手は牛乳を飲んでいる最中ですから、自分の行為を真っ向から否定されたように感じてしまいます。たとえ思いやりからのアドバイスでも批判・非難としか受け取れなくなります。

竹

「それはおいしそうだなぁ」とポジティブな言葉で返す

趣味の話なので批判抜きで会話を楽しむのもひとつの考え方です。ただし腹の中では「豆乳のほうがいいのに」と正反対のことを思い続けるなら、親しい間柄とはいえません。

「いろいろな種類があるんだね」と感心し、自分の意見はまた後日に

相手が趣味の話で盛り上がっている最中に、いきなり否定的な講釈をしたら、雰囲気をぶち壊します。豆乳の話は別の機会にさりげなく言ってみれば、角が立ちません。「自分は最近こうなんだよ」とあくまで批判抜きで伝えるようにします。

趣味的なことであっても、見解や好みが違うと、ちょっとしたひと言が相手の気分を害することもあります。親しい相手であっても、気くばりしましょう。

親しさの度合いにもよりますが「これが正しい」「そっちはダメ」と相手に自説を押しつけられたら、やはり相手は失礼と感じるものです。自分が押しつけがましくなりそうだったら、口をつぐむようにするようにしましょう。「親しき仲にも礼儀あり」です。

ただし、こちらの言いたいことを言えないのは、気持ちがよいものではありませんね。我慢してばかりで関係がぎこちなくなるのも、もったいないことです。

お互いのよい関係性を保つために、たとえ趣味や嗜好が合わなくても「相手は正しい。私も正しい」と考えるようにしましょう。

まったく好みや信条が合わなくても

相手の趣味や嗜好を不用意に否定しないこと。気をつけないと人間関係を壊しかねない。

第３章のまとめ

○相手の挨拶を待つより、自分から明るくポジティブな挨拶を！

○電話応対では、相手の名前を必ず復唱しよう！

○雑用一つひとつが自分をアピールするチャンスと心得よう！

○ただの確認の言葉も、ほめ言葉に変換して伝えよう！

○出張土産を受け取るときは、買ってきた相手の気持ちも受けとめよう！

○依頼を断るときは、「無理です」と言わず代案を示そう！

○本人に自ら反省させるのが、最高のコーチング！

○相手に異論を唱えたいときは、まず肯定してから「相談」のかたちに！

○ネガティブな言葉をかけられたら、ポジティブに変換して返そう！

○人にものを教わるときは、自分でできるかぎりの準備をしてから！

○同僚より先に退勤するときは、明るくさわやかに「お先に失礼します」を！

○職場の「飲み会」に対するスタンスを決め、参加／不参加を明確にする！

○他人との趣味・嗜好の違いは「自分も相手も正しい」と考えよう！

Chapter4

宴席やイベントごとで活躍する人の気くばり

30

おごってもらうときは、気持ちよく感謝して

固辞したり、恐縮したりは、相手への気くばりが足りません

会社の上司や先輩、取引先などに、飲食代をおごってもらうシーンがあります。相手に全額負担させることに、抵抗を感じる人もいるかもしれません。

「おごる・おごられる」というのは、よい人間関係を築くチャンスです。おごってくれる人にも、そうしたいという気持ちがあります。ですから、「この人におごるのは気持ちがいい」と思われるような「おごられ上手」になれたら、あなたは目上の人たちから可愛がられることでしょう。

あなたは、会社の先輩がおごってくれると言ってくれたときに、どう返していますか。

コーヒー一杯くらいなら、気軽に甘えられるかもしれませんが、飲みに行って食事となると恐縮します。ご馳走してもらうつもりはなかったのに、先輩が「俺がおごるよ」と言ってくれたりしたら、それなりに気をつかってしまうでしょう。そんな時、どんな態度をとればいいのでしょうか。

梅

「いいです、いいです。割り勘に」と固辞する

「けっこう飲んでしまったから、先輩にばかり払わせてはいけない」と思ってのことでしょう。先輩が本心ではおごりたくないというケースなら、「そうか」と割り勘になるかもしれませんが、せっかくの申し出を断ると相手の親切やプライドを踏みにじりかねません。

竹

「すみません、ごちそうになります」と恐縮して頭を下げる

後輩におごることで、先輩としては面子を保ちます。

ただし「すみません」と謝るだけだと、あまり喜んでいないようで、おごりがいがないものです。

「ごちそうさまでした！　おいしかったです」と喜ぶ

素直にご馳走になり「ありがとうございます！」と元気に喜ぶと、先輩としても嬉しいものです。先に「本当にいいんですか？」などと聞いてみるのはＯＫです。「おごる」と言われたときには、さわやかに「ごちそうさま」「ありがとうございます」「おいしかった」と言いましょう。喜びや感謝の言葉を聞くことで、相手は気分よく支払えます。またあなた自身もポジティブな感情を伝えると気持ちよいものです。

こういう場面でいつも「すみません」が口をついて出る人もいますね。ずうずうしいと思われたくないから、つい「すみません」と言ってしまうのでしょうが、これでは謝っていることになります。まるで「ご馳走される＝悪いこと」のようです

おごってもらって当然という態度は、ずうずうしいと思われてもしかたありません。だからと言って、あなたが恐縮して謝ってばかりだと、相手はあなたから謙虚さを感じるよりも「つまらないな」という気分になるでしょう。

「私も支払うつもりがありますよ」とお財布をとり出すジェスチャーをするのは悪くあり

「今日はごちそうになります!」

いつもおごられるわけにはいかないという気持ちを表すなら、「ごちそうさま」の前に「今日は」をプラス。

ませんが、それが行き過ぎて「おごりなんて絶対ダメです」と割り勘を断固主張するのも、おごると言っている人の好意をないがしろにしていることになります。

また、相手の行きつけの店に連れていってもらった場合は、あなたがおごられるのを拒否することで、相手の面子をつぶすことにもなりかねません。

気持よくおごられるだけでなく、「居心地のいい店ですね」「料理がおいしいですね」「店の人の感じがいいですね」など、店をほめることを通じて、そんなお店を知っている先輩をほめれば、さらにおごりがいがあると感じてもらえます。

ご馳走になるときの気くばり

「好きなものを」と言われても、会食の主催者に合わせて注文する

31

フレンチや日本料理などの高級店に行くと、コースメニューがありますね。コースによってボリュームも内容も値段も異なり、個別にお皿が出てきます。こうした高級店でご馳走していただく場合にも、気くばりのポイントがあります。

あなたが社長に誘われて、同僚数人とでフランス料理店へ行ったとしましょう。「ご馳走するから、好きなものを選んで」と社長に言われました。値段が高く皿数が多い順にＡＢＣの各コースがあり、それぞれ肉／魚などの料理の種類を選べるようになっています。

こんな時、本当に好きなものを選んでも大丈夫でしょうか。

梅

周りに関係なく、とにかく自分の好きなコースを選ぶ

社長から「好きなものを」と言われたのですから、間違いではないのでしょう。ご馳走する側としても好きなものをおいしそうに食べてくれたほうが嬉しいはずです。ただし誰よりも早く注文したり、社長より高いコースを選ぶことになれば失礼です。

竹

社長がAコースなら、自分はBコースと1ランク下げる

ご馳走する側の選択を待つと、敬意を示せます。ただし、社長よりも下のコースを選ぶと品数が変わる可能性が高いですね。社長や同じAコースを選んだ人は、まだこれから1皿あるのに、Bコースの自分だけ早く食事が終わってしまったり、盛り付けに明らかな差が出たりしがちです。気まずい雰囲気になるかもしれません。

松

好き嫌いに関係なく、社長が注文したら「同じものを」と注文する

社長と同じコースを選べば皿の数も出てくるタイミングも同じなので、気まずい雰囲気

になる心配もなく会食を楽しめます。

会食で好きなメニューを頼むのはいいことですが、ご馳走されるなら、主催者に感謝と敬意を表しながら会話を楽しむことも大切です。コース料理の場合は主催者と同じコースを食べていれば、同じタイミングで料理が出てくるので、会話の妨げになることがありません。

大皿から取り分ける形式ではなく、各自個別の皿が出てくる店でご馳走してもらう場合、注文するコースの選択は原則として「スポンサー」と同じにしましょう。「高いものは申し訳ないので」と遠慮して自分だけ安いコースを頼む人もいますが、主催者や他の人より料理の質や量が劣ることになります。かえって「申し訳ないね」と気をつかわれてしまうかもしれません。おごってもらうのに余計な気をつかわせるのは、気配りのない対応です。とくに場が気まずくなるのは、出てくる料理の数が違うときです。

コース料理の場合は、肉料理か魚料理かを選べたりしますので、それを主催者と変えても問題ありません。メインディッシュのときに、たとえば社長に肉料理、自分には魚料理

自分だけ奥ゆかしくすると…

自分だけ安いコースにすると、デザートがついていなかったりしてかえって周りが気をつかうことに…！

が出てくるのだったら、「これもおいしいですよ」などと話題にできます。

いくら「それぞれ好きなものを頼んで」と言われたとしても、主催者より先にオーダーするのは敬意を欠いた態度ですから気をつけましょう。「好きなもの頼んでいいんですね！」とさっさと一番高いコースを選んだりするのは、やはり気くばり不足です。「憎めないタイプ」とか「天然系で面白いね」と思ってもらえるかもしれませんが、他のメンバーが注文しにくくなりますし、金銭が関わっていることですから「天然」ではすまされないかもしれません。

ちょっとした貸し借りは残しておくのが人脈づくりのコツ

32

人間関係を長く続けるには、お礼も長いスパンで考える

上司と部下、先輩と後輩というような上下関係が明確な場合は、「おごる・おごられる」という関係も比較的はっきりしています。おごるほうは、いつも用事を頼んでやってもらっているねぎらいのつもりだったりしますし、おごられるほうも、ご馳走になったからには、頼まれた仕事を一生懸命やることで恩を返そうなどと思うものです。

ですが、割合フラットな関係にある人であったり、あまり頻繁には会わない人から、思いがけずご馳走になることもあります。そんなとき、「おごってもらった」ということに対して、どう返礼すればいいのかわからず、居心地の悪さを感じる人もいるでしょう。

どういうかたちで、お礼するのが一番なのでしょうか。

落ち着かない気分なので、翌日すぐにお礼の品を持っていったり、送ったりする

感謝の気持ちを伝えるために、速攻でプレゼントを贈るのがベストだと考えたのかもしれません。ご馳走した側は、すぐにお礼の品が届いたことを、「借りを作りたくないのかな」と不可解に感じることもあるので、タイミングは気をつけたいものです。

再び会食の約束をとりつけ、そこでは自分が支払う側になる

同じ行為で返礼するのは自然なことです。ただしあまり急ぐようだと、やはり「無理に借りを返そうとした」という印象を与えるかもしれません。

感謝の気持ちを電話やメールなどで伝え、いつかお礼しようと心にとめておく

感謝の言葉はすぐに伝え、別の機会に返礼すれば人間関係は深まります。お世話になったと覚えておくことが肝心です。

おごられたりプレゼントされたり、人から好意を受けたときは、すぐに「ありがとう」

と伝えましょう。感謝の気持ちを伝える前に、逆に相手から連絡を受けてしまうと、恩知らずなイメージになってしまうかもしれませんから、できるだけすぐに行動することが大切です。

ただし、即座にモノで返礼すると「貸し借りがないよう清算したい」というメッセージになってしまいがちです。

プレゼントを受け取った途端に「じゃあお礼の品を」と発送していたり、ご馳走になった翌日に呼び出して「今度おごるから、いつにする？」と迫ったりしたら、相手の好意を受けたというより打ち返したようなかっこうになります。

よほどの大金なら別ですが、少しばかり貸し借りがあるような「頼る・頼られる」状態であったほうが、人間関係は安定するものです。いつでも相手に頼りっぱなしという関係ではいけませんが、「お互いさま」という関係性の中で「ちょっと頼る」のはけっして悪いことではありません。あなたが「頼れる」ということは、相手を信頼しているということになりラポールも築けます。

貸し借りがあったほうがイイ!?

「貸し」がある相手に対してのほうがモノを頼みやすい＝「借り」があると声をかけられやすいなど、人間関係の役に立つことも。

「昨日はあの人に1500円のランチをおごってもらったから、同じ値段のお礼をするなら…」などと、単位の小さいソロバンをはじいてばかりで貸し借り清算に必死だと、人間関係はギスギスしがちです。

貸し借りを清算しようと焦ったり、義務感を持ったりしていると、感謝の気持ちは二の次になってしまいます。「あのときは素敵な店でご馳走してもらったな」「かわいいプレゼントをもらったな」ということを記憶に留めておいて、旅行に行ったときにお土産を買ったり、自分が気に入った店を見つけたときに誘ってご馳走したりすれば、気持ちのよいお礼になります。

部下に慕われる上司のおごり方

「やるときはやる人」というイメージをつくろう

今度は先輩や上司として、おごる場面について考えてみましょう。

相手が得意先であれば全額を支払うのが当然ですが、部下に対しては、いろいろなおごり方がありますね。

たとえば、あなたが管理職で自分のチームを抱えているとします。人数が多いので毎週のように全員を店に連れていって全額おごるのは、現実的ではありません。

少ない予算内で、ねぎらいのご馳走をするとして、部下に喜ばれ上司としての面目を保つには、どうしたらよいでしょうか。

33

梅

みんなで残業しているときの夕食（夜食）に好きな弁当を選ばせ、部下から一律５００円を集金。一人数百円分の超過分は負担する

ふだん部下が食べているものより一ランク上の弁当であれば、一応感謝はされるでしょうし、あなたの負担も少なくてすみます。ただし、単価が安いだけに「安いときしか払ってくれない」というケチな印象になってしまうかもしれません。

竹

部下に一部を払わせても、頻繁に飲みに行く

「私がこれだけ出すから、あとはみんなで割って」というスタイルです。ただの割り勘よりは「ご馳走になった」という印象になります。ただし部下全員が上司と頻繁に飲みに行きたいかどうかは疑問です。それなら一定額を部下に渡して「皆で飲みに行ってきて」と言ったほうが、部下はねぎらわれていると感じるかもしれません。

松

全員分払っても予算内で収まる店を選び、たまに飲みに行く

たとえ年に1回のごちそうでも、あるいは安い店でも、全額気前よく払ってもらえたら部下としては心おきなく「ごちそうさま」が言えて一番うれしいものです。上司としての顔も立ちます。

ご馳走する場面では、気前よく全額支払っていい格好をしてしまいましょう。部下に「やるときはやってくれる上司」と印象づけることができます。

全員で頻繁に飲みにいくことを重視するよりも、自分がご馳走することを、めったにない特別なイベントにして全額払うほうが好印象です。

たまにしかご馳走しない上司だと、「私のおごりで」と声をかけたときのありがたみは増します。たとえ高くない店でも「そのチャンスは逃したくない」と、部下の集まりはよくなるでしょうし、会も盛り上がるものです。

なお部下全員を誘う場合に、上司が直接1人ひとりに声をかけると、部下としては断りにくいものです。

「俺はコレだけ出すから」はいまいち

気持ちよく相手が「ごちそうさま！」と言えるのは、やはり全部すっきりおごってもらったとき。

都合が悪くても、しかたなく参加する部下がいたら、せっかくご馳走してあげても、ありがた迷惑としか思ってもらえません。

部下の誰かが幹事となって日程調整したほうが、お互いに角が立たずにすみますね。

昼食や夜食のお弁当代を負担するというのは、「どうせ買うもの」という必須アイテムなので、仮におごってもらったとしても手放しで大喜びはできません。

単価が安くても喜ばれるごちそうは、暑い日に全員にアイスを配るといったサプライズです。意外性のある気づかいをしてもらえると、部下の喜びも増します。これもまた気くばりを感じさせるご馳走のしかたです。

ご馳走する側が見せる相手への上手な気くばり

「何でもどうぞ」にひと言添えて、相手の気後れ感を軽くする

34

誰かにおごってもらうということは、相手に金銭的な負担をかけるということです。そのことを意識してしまうと、おごられる側は心理的な負担を感じます。

スマートにご馳走してくれる人は、相手にそんな負担を感じさせないようにさりげなく気くばりをしてくれるものです。おごられるほうも萎縮することなく、心から会食を楽しむことができ、おごってくれた人との関係を大切にするでしょう。

自分がご馳走する側だったら、その場にいる誰も負担を感じることなく会食を楽しみ、人間関係を深めるようにしたいものですね。

では、自分がご馳走するケースについて考えてみましょう。

協力会社の若手社員を連れて、高級レストランで会食することにしました。もちろんご馳走するつもりでいますが、彼らはメニューを見て値段の高さに驚いています。遠慮せずに会食を楽しんでもらうために、あなたはどんな気くばりをすればよいでしょうか？

梅

おごると言うと遠慮させるので、会計時まで自分が払うと言わない

ご馳走してもらえるとわかっていると、「高い料理を注文するのはずうずうしいかも」と遠慮してしまう人もいるでしょう。

とはいえ最後まで「ここは誰が払うの？　割り勘？」とわからないほうがかえって注文しづらくなりますし、落ち着いて食事を楽しめないかもしれません。

「今日はごちそうしますから、遠慮なくなんでも注文して」とすぐ伝える

自分たちで支払わなくてよいということがわかれば、若手社員は安心できます。ただし、逆に「高い料理はやめよう」と遠慮する人も出てくる可能性があります。

「経費だから、好きなものをどうぞ」と安心させる

あなたが個人的に負担するのではないと口に出せば、相手の心理的負担はグッと減ります。サラリと言って、スマートに聞こえるようにしましょう。

ご馳走するときは、相手が感じる心理的な負担を軽減してあげることが大切です。

負担にならないように「何でもどうぞ」と本心からすすめたとしても、おごられる側は「そう言われても、ホントに何でも頼んだらずうずうしいだろうな…」と遠慮してしまいます。そして遠慮しながらの会食は、どことなくぎこちないものになるでしょう。

このケースのように社外の人に高級な店でごちそうした場合は、先方が心理的な負担を感じると「あんな店でおごってもらったから、安く仕事しなきゃいけないのかな」などとプレッシャーを感じるだけで、楽しめないかもしれません。せっかくなら、負担を感じることなく「楽しい席を設けてもらった」と思ってもらえれば、さらによい関係を結ぶことができるものです。

おごりだと好きなものを頼みづらい？

仰々しくせず、気軽にごちそうできる雰囲気をつくることが大切。

ご馳走するときに「経費だから」「予算消化だから」などとつけ加えてスマートにおごるのも気くばりのひとつ。おごられる側の心理的な負担は、それでグッと軽くなります。

また、おごるときに「次回はおいしいコーヒーをご馳走してね」などとひと言添えるのも気くばりです。「おごられる＝借りができた」と感じている人も、気が軽くなります。

上司や先輩からスマートにおごってもらうと、部下や後輩は「カッコいいな」「信頼できるな」と思えて、人間関係が風通しのよいものになります。何か調べ物やおつかいなどを頼まれたとしても「この人のためなら、やっても苦にならないな」と思えるものです。

35

飲み会で一目置かれる人の気くばり

快適な飲み会にするために、料理の取り分け役になろう

宴会などで大皿料理から取り分けて食べる場合、少しずつ料理が残った皿がテーブルのあちこちにあるというのは、よくある光景です。

しかし、まず見た目が美しくありませんし、追加注文もしづらくなります。なんとなく、ぐだぐたの飲み会になってしまいそうですね。

料理や飲み物がつねにバランスよく行き渡っている状態になると、飲み会も盛り上がります。せっかく皆が集まる機会ですから、気くばりして活気のある場にしたいものです。

あなたが実際に飲み会に参加したときには、気くばりできているでしょうか。このよう

に大皿に刺身や揚げ物などが、それぞれ少しずつ残った皿でテーブルはいっぱいになっているとき、あなたなら、どうしますか。

梅

自分はすべての皿の料理を食べたので、周りに任せる

「自分の分は食べた」と思うと、残っているものにあまり意識がいかないものです。しかし、皆がそう思っていると皿の料理はいつまでも放置されたままになります。

竹

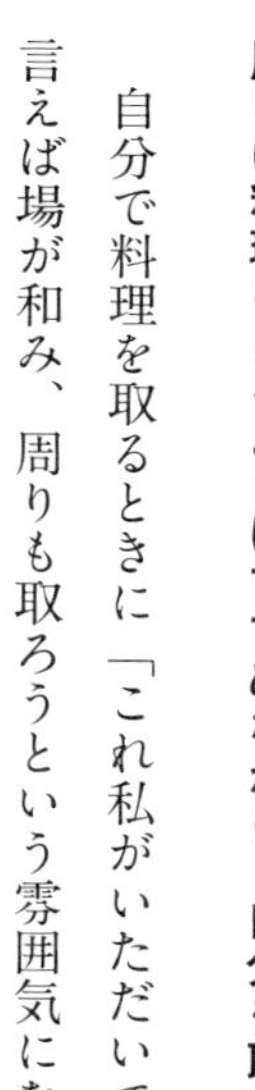

周りに料理をとるようにすすめながら、自分も取る

自分で料理を取るときに「これ私がいただいていいですか？　おいしいので！」などと言えば場が和み、周りも取ろうという雰囲気になります。

松

皿の中身をみんなに取り分けて、どんどん空にする

「これおいしいですよ」「これもどうぞ」と自分から取り分けてしまえば皿が空いてテーブルもすっきりします。店員さんもうれしいでしょう。

飲み会でいつまでも皿に料理が残っていると、見た目が汚いだけでなく、店員さんも皿を下げられません。次の料理の皿を出せないほどだと、厨房にも迷惑な客だと思われる可能性もあります。

こういうときは、気配りで事態を好転させましょう。余っている料理を「これはあなたに」などと取り分けていくと、テーブルの停滞感を払拭できます。

揚げ物や刺身などと違って個数で分けられないサラダなどは、中途半端に残ったときに誰も手をつけなくなりがちです。

誰かが要領よくきれいに料理を取り分けてくれると、周りで見ている側も気持ちがいいですね。

余り物を率先して取り分ける人が現れれば、「では私はこれをいただきましょう」という協力者も出てくるものです。

皆が自分から料理を取って皿を空けるようになると、その場の雰囲気はさらによくなっていきます。

放置された料理は積極的にシェア

1つの皿からみなで食べるのは手軽な共同作業。中だるみせずに、みな気持ち良く最後まで過ごせるよう愛嬌力で気配りしよう。

こうした場面で料理をすすめられたときに、「それはもう食べましたから」などと断ってしまうのは気くばり不足です。断ることで相手の積極的な気持ちを否定することになります。どうしても食べられないという場合は別ですが、すすめられたら喜んで受け入れるようにしましょう。

余りものがなくなり新しい皿が運ばれてくるようになると、食事もスムーズになり全員が楽しい時間を過ごすことができます。

率先して料理の取り分け役を買って出るだけで、「気がきくな」と周りから一目置かれる存在になれるのですから、ぜひ実践してみてください。

一滴も飲めない人でも、飲み会は盛り上げられる！

飲めない人も積極的に動けば、一緒に楽しめる

「お酒が飲めないので」と飲み会の場にまったく顔を出さない人もいますね。飲めないとその場の雰囲気をこわしてしまいそうだからと心配して、遠慮してしまうのでしょう。
たしかに、皆が酔って盛り上がっているときに、一人だけシラフで冷静になっていたらその場から浮いてしまいますね。

それでも、実はまったく飲めないにもかかわらず、まるで宴会部長のような印象を持たせてくれる人がいます。

違和感なく参加するので「皆で楽しく飲んでいる」という雰囲気をつくり、周りに「飲

んでいない」と悟らせることがほとんどありません。

こういう人は、どんな気くばりをしているのでしょう。お酒の飲めない人の上手な立ち回り方を見ていきましょう。

お酒を進められたら、「私は下戸なんです。飲むと大変なことになるので、すみません」と説明する

飲めないのは本当のことなので、しかたがないことです。「ええ、まあ」と受け流すよりは説明してしまったほうがいいでしょう。しかしお酒をすすめた側としては「飲めません」「下戸です」と言われると拒絶されたように感じやすいものです。できれば「飲むより食べるほう専門で」など前向きな言い換えをするようにしましょう。

酒に近い色のソフトドリンクを注文し、飲んでいるフリをする

ウーロン茶やジンジャーエールなどは、酒の席でも違和感のない色の飲み物です。これがオレンジジュースだと、お酒ではないことが明白になり「私は飲んでません」宣言になってしまいます。「飲んでないんじゃないの？」と心配されないようにしましょう。

自分からどんどん「まぁどうぞ」と周りにお酒をすすめる役に回る

積極的にお酌したり、料理を取り分けたりと気をくばりながら動いていると、飲んでいないことに気づかれずに場に参加できますし、盛り上げ役に回れます。

お酒が飲めないことが悪いことのように感じてしまうのは、「飲めない＝一緒に楽しめない」と自分も周りも思い込んでしまっているからです。

飲んでも飲まなくても、その場を取り仕切るように活躍すると信頼感を得られます。運ばれてきた大皿料理を皆が取りやすいように皿の位置を変えてみたり、空いた皿やビンを店の人に渡して下げてもらったり、あるいはグラスが空いた人から飲み物の注文を取ったり、飲まないからこそ、飲み会が円滑に進むよう気くばりすべきポイントはたくさんあります。

「飲めない」話題をそらすには?

「飲めないの?」と聞かれたら、「私、支持政党は甘党なんです」などと話題を酒から別のものにすり替えてしまおう!

そうやって、せっせと立ち働いていると、「気がきくな」と思われたり感謝されたりします。「飲んでない」と文句を言われることはありません。

酔った人のテンションに合わせるのも気くばりです。

皆の声が大きくなったり、冗談まじりの話が増えたときに、自分も周りにテンションを合わせると自然に楽しくなってきます。

仮に「飲めないの?」と聞かれても「下戸」「病気」などはさらりと伝え、「甘党なんです」「食べるの専門で」と前向きな言葉に言い換えて答えれば、お茶目で好印象です。

できる幹事の会計気くばり法

割り勘は公明正大に金額を全員に確認してもらう

「飲み会の幹事がうまい」というのは、仕事とは直接関係がなくても周囲から一目置かれるものです。とくに飲み会の最後にやってくる会計タイムをきちんと処理できる人は、「どんなときでも頼れる」という信頼感を得られます。

割り勘ならば、大事なのは公正感です。みんなが納得する方法で集金すれば、気持ちよく会を締めくくれます。しかし、宴の楽しさについ気が緩んでしまうと、うっかり気くばりを忘れてしまいがちです。いくら飲んでも冷静になって、気持ちのよい会計ができるようになりましょう。

では、割り勘をするときの気くばりポイントについて、松竹梅を見ていきましょう。

37

あなたと同僚数人での飲み会もお開きの時間になり、伝票を持ってきてもらいました。
あなたが会計を仕切るなら、どのように割り勘計算や集金、支払いをしますか？

梅

「今カードで払ってきたから、みんな7千円ずつね」と伝票は見せずに集金する

誰かがまとめてカードで支払うと、スマートな会計に見えます。ただし、参加者全員が総額を確認する前に勝手にカード払いしてしまったら、スマートではなく不明朗会計です。「カードのポイント狙いかな」とセコい印象を与えるかもしれません。

自分だけ伝票を見つつ「端数はいいから、1人7千円ね」と集金する

「端数はいい」と言われるのは、ちょっと得をしたようでうれしいものです。会計役が端数を負担してくれるなら、頼もしい印象になります。

だとしても、この場合もやはり総額の確認ができていないので、周りは本当に得をしているのかどうかわかりません。また、いくらキリのよい金額を言われても割高に感じると、やはり不信感が生まれてしまいます。

伝票を見せつつ電卓で計算し、「1人7千円ね。端数はいいよ」と集金する

総額を複数人で確認したうえで、きちんと電卓を使って計算しているところを見せるのが、公明正大な会計方法です。そのうえで「端数はいいよ」と言ってみせたら、好感度はグッと高くなります。

お金がからむことは、ちょっと大げさに思えても、携帯端末の電卓機能などを使ってきちんと計算することが基本です。そして集金するときは、伝票を皆に確認してもらったうえで計算結果を見せましょう。手順をはしょらずにきちんと処理することで、参加者は疑問をいだくことなく安心して飲み代を支払えてスッキリします。そして、そこまでやってくれるあなたに皆が信頼感を抱くでしょう。

なお、遅れて来てあまり飲み食いしていない人には割引計算したり、「領収書がいる人は？」と声をかけたりすると、さらに「よく気がつく」と評判が上がります。

会計時の気くばりいろいろ

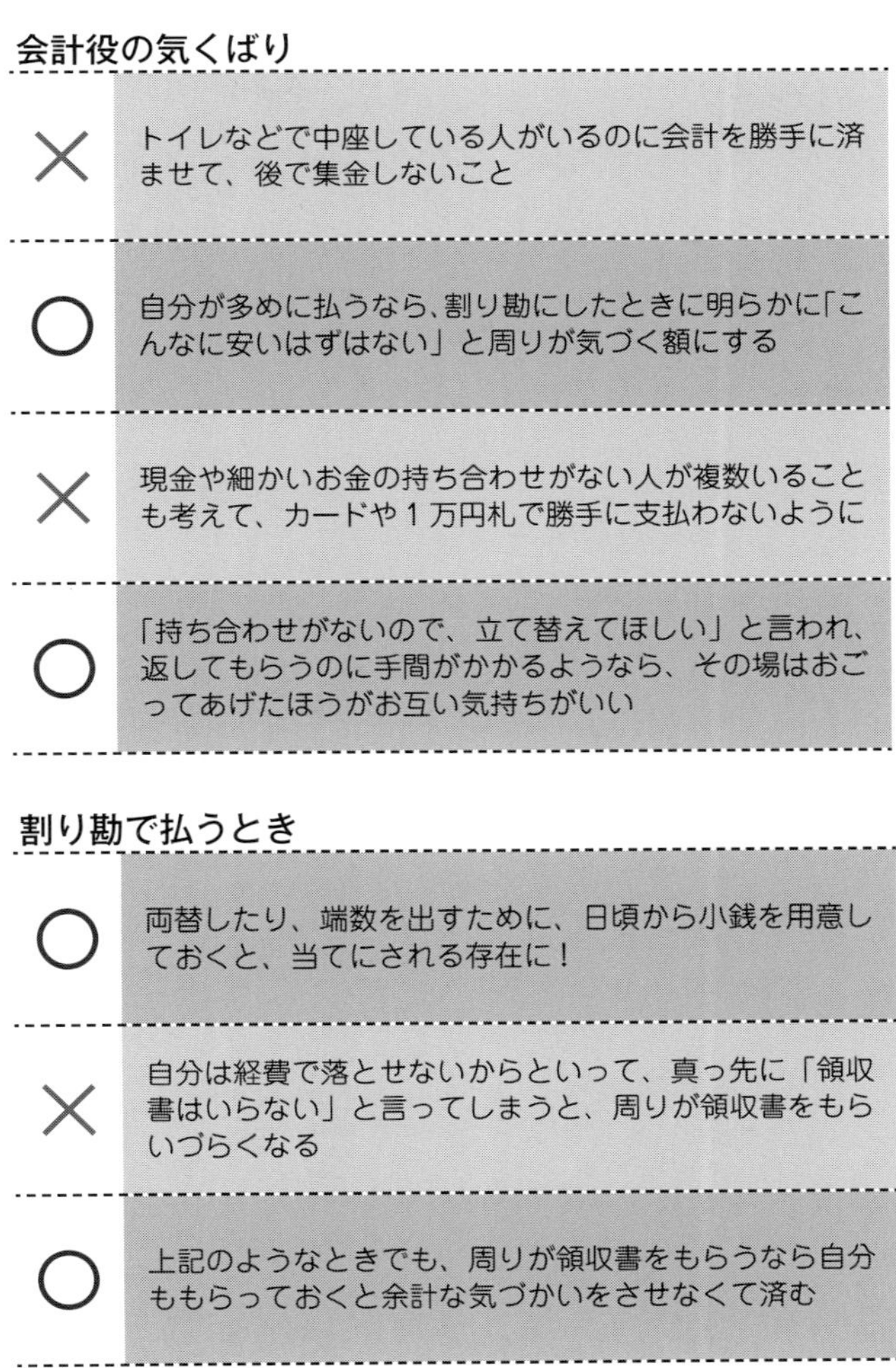

会計役の気くばり

×	トイレなどで中座している人がいるのに会計を勝手に済ませて、後で集金しないこと
○	自分が多めに払うなら、割り勘にしたときに明らかに「こんなに安いはずはない」と周りが気づく額にする
×	現金や細かいお金の持ち合わせがない人が複数いることも考えて、カードや1万円札で勝手に支払わないように
○	「持ち合わせがないので、立て替えてほしい」と言われ、返してもらうのに手間がかかるようなら、その場はおごってあげたほうがお互い気持ちがいい

割り勘で払うとき

○	両替したり、端数を出すために、日頃から小銭を用意しておくと、当てにされる存在に！
×	自分は経費で落とせないからといって、真っ先に「領収書はいらない」と言ってしまうと、周りが領収書をもらいづらくなる
○	上記のようなときでも、周りが領収書をもらうなら自分ももらっておくと余計な気づかいをさせなくて済む

おめでたい報告を受けたときの気くばり

あなたが知りたいことを聞くより、相手が言ってほしい言葉をかける

結婚披露宴のようなおめでたいイベントに招待されたり、「結婚しました」「出産しました」などのおめでたい報告を受けたときに、あなたはどんな言葉をかけていますか。

喜ばしい場面にいる相手に望みどおりの言葉をかけられたら、その人をさらにハッピーにできますよね。次のケースで、具体的に考えてみてください。

今日の職場は、ある女性社員が電撃結婚した話題でもちきりです。その社員は大学時代からのあなたの後輩ですが、新郎はなんと業績不振がニュースになっている○○社の社員だというのです。

「○○社ってリストラすごいらしいよ」と同僚とうわさ話に花を咲かせていたら、当の後輩がやってきて「ご存知かもしれませんが、結婚しました。披露宴に出ていただけますか？」と言われました。あなたなら、彼女にまずどんな言葉をかけますか？

梅

「旦那さん、リストラとか大丈夫なの？」と気になっていたことを直接聞く

皆が気になっていることを聞くのは、後輩としても陰でうわさ話をされるよりはマシかもしれません。でも質問の内容がおめでたい話題には不向きですから、幸福感でいっぱいの後輩の気持ちに水を差してしまう可能性は高いでしょう。

「ご招待ありがとう。喜んで出席させていただくね」と如才なく答える

招待してもらったのですから、感謝の意を伝えるのは当然です。いつも「ありがとう」一辺倒ではなくＴＰＯも考えて、相手の気持ちに沿ったことを言えたらさらに好印象です。

松

「おめでとう！　最近ますますキレイになったと思ってたんだ」と祝福する

慶事への招待を受けたら、何よりも先にまず「おめでとう」と祝福しましょう。相手にとって一番聞きたい言葉です。さらに「キレイになった」「幸せオーラが出てる」などとひと言添えたら、喜びをも倍増します。

就職、結婚・出産、開業や開店など、おめでたいライフイベントを迎えてハッピーな人は、祝福されることを期待しています。それに応えるのが気くばりというものです。

しかし、実際は、意外な人から「私、結婚します」と突然の報告を受けたら、祝う気持ちよりも驚きが先に立ち、「え、誰と?」「いつ?」などと根掘り葉掘り聞いてしまう人が多いようです。

「赤ちゃんが産まれました」と言われたときも、「大変だったでしょう」「お疲れさま」というねぎらいの言葉もなく、「どっちに似てるの?」「病院はよかった?」と質問攻めにしてしまう人も多いですね。

祝福の言葉を待っている人に、自分の疑問や心配ごとを解消するための言葉をかけてしまうと、相手にとっては期待外れということになります。質問することで相手に興味を持っていることは伝わりますが、「おめでとう」を言わなければガッカリされるでしょう。

ハッピーニュースには「おめでとう」

「結婚する」と教えられたら、「いつ？」「誰と？」などより、
一番ふさわしい言葉＝「おめでとう！」を。

ビジネスの場でも同じです。あなたが「うちのチーム、コンペに勝ったんですよ！」と報告したのに、「どこと競合してたの？」「予算いくら？」などと質問されるばかりで、誰も祝福してくれなかったら、さびしい気分になります。

自分のことよりもまず相手のことを考えられるのが、気くばりができる人。ハッピーニュースに対しては、何をおいてもまず「おめでとう！」と言う習慣をつけましょう。

もちろん披露宴でも「おめでとう」と声をかけ、思い切り大きな拍手で祝福したいものです。

ホームパーティに招かれたときの気くばり

39

主催者から喜ばれるゲストになろう

ホームパーティは、お店でご馳走されるのとはまた違ったかたちのおもてなしです。主催者にとって気持ちのよいゲストになって、その場を楽しめるようになりたいものですね。

いざ訪問しようというときに気にかかるのが、「何時に到着したらいいんだろう」ということではないでしょうか。

お店を利用したパーティなら定時に行くのが常識的ですが、ホームパーティの場合はどうでしょうか。

料理やテーブルセッティングなどの手伝いをしたほうがいいかどうかも気になります。

家に招いてくれた同僚に聞いたところ、「手伝いは足りてるから、定時の18時に来てくれればいいからね」と言われました。それでも早く行って手伝うのが誠意というものでしょうか？

さて当日、あなたらなら何時に同僚の家を訪ねますか。

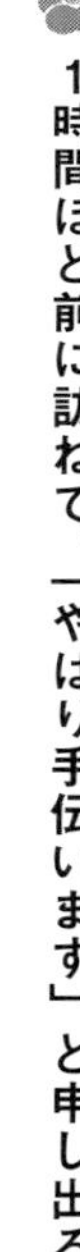

梅

1時間ほど前に訪ねて、「やはり手伝います」と申し出る

手伝って誠意を見せたいのは、先方もわかってくれるでしょう。しかし、頼まれてもいないのに早めに到着しても、手伝えることはないかもしれません。かえって邪魔になる可能性も高いですね。

竹

約束の時間ぎりぎりだと失礼かもしれないので、10分ほど前に

30分とか1時間も遅刻すると、先方が料理や飲み物を出すタイミングに間に合わないでしょう。遅刻するよりは、少し早いくらいのほうが失礼にはあたりません。ただし、本人たちは約束した時間を目安に直前までバタバタと準備しているでしょうから、10分でも予定より早ければ迷惑をかけるかもしれません。

約束の時間よりも5～10分ほど遅れていく

仕事の場合は遅刻は厳禁ですが、ホームパーティとなれば、これくらいゆっくり訪ねて、パーティの準備が万端となってから訪問したほうが、主催者に喜ばれます。

ホームパーティは主催者が暮らす家を訪ねるのですから、店舗での会食とは勝手が違います。何よりも主催者の都合をよく考えて行動しましょう。

約束の時間より少し後に訪ねるのは、直前まで準備に忙しい主催者を焦らせないための気くばりです。

台所の片づけなど手伝いを買って出ることは、歓迎されないこともあります。「台所に足を踏み入れられるのは迷惑」という人も多いからです。仮に手伝いを申し出ても「大丈夫だから」と言われたら、無理に手伝わないほうがいいですね。

主催者がゲストに望んでいるのは、パーティを楽しんでもらうことです。手伝ってもらうよりも、出した料理を「おいしい」と残さず食べてもらったほうがずっと嬉しいのです。出した料理がすっかりなくなって、皆が満足そうなら、主催者も「今日のパーティは成功だった」と満足できます。

また、残った食べ物を「お土産にどうぞ」とすすめられたときは、喜んで持ち帰りましょう。余り物を持ち帰ることは、主催者の後始末を手伝うことにもなりますから、遠慮することはありません。

「これおいしかったので、うちでも食べられるなんて嬉しいです」などとつけ加えると、さらに気持ちのよいゲストになれます。

もしも、どうしても何かをして差し上げたいのなら、主催者の好みや家族構成に合う手土産を持参するほうが喜ばれます。たとえば置き場所がありそうなら、大きな花束やアレンジメントもよいでしょう。

お菓子などの食べ物なら、主催者の料理の分量計算の邪魔をしないように、後で食べられる日持ちがするもののほうが無難です。

第４章のまとめ

○ご馳走してくれる相手の好意は固辞せず、
　気持ちよく「ごちそうさま」と言おう！

○会食でのメニュー選びは、主催者の注文に合わせる気くばりを！

○「貸し借り」の清算だけにこだわらず、
　相手との関係を長続きさせる気くばりを！

○人におごるときは気持ちよく全額出して「やるときはやる人」になろう！

○ご馳走する相手の心苦しさを軽くしてあげるのが、ご馳走上手な人！

○飲み会では、気を利かせて食事を取り分け役を買って出る！

○お酒が飲めない人でも、積極的に立ち回れば飲み会の中心になれる！

○飲み会の会計は、公正さと周りに配慮した提案が重要！

○ハッピーな報告を受けたら、何より先に「おめでとう」を言おう！

○ホームパーティでは、主催者の立場に立った気くばりをしよう！

ネガティブな場面でこそ、気くばりが大切

Chapter5

40

がんばったけど失敗…上手な叱られ方は？

言い訳・説明は不要。素直に謝って反省の言葉を述べよう

一生懸命に仕事をしていても、失敗することは誰にでもあります。確認不足によるミス、勘違いによる行き違いなどいろいろな失敗がありますが、いずれにせよ起きたことは元に戻せません。

問題は、その後のあなたの行動です。失敗を叱られたり責められたりするときに、相手の気持ちまで考えられるかどうかで、あなたの評価は大きく変わります。

上司や先輩に叱られたときに、あなたはこれまでどんな態度を取ってきましたか。きちんとした叱られ方ができていたでしょうか。

次のケースを使って考えてみましょう。

今朝は重要な戦略会議です。この会議のために、あなたは2週間前から会議室を手配していました。ところが、昨夜になって別棟の会議室へ変更するよう総務に言われたのです。すぐに出席者全員に変更通知メールを送りましたが、連絡が行き届かなかったようです。今朝の会議に出席することになっていた多くのメンバーが会場を間違えて大混乱となってしまいました。重要な会議なのに時間もなくなり、上司たちは会議室を手配したあなたに対して怒っています。

そんな彼らを前にして、あなたはどのようなことを話しますか。

梅

「昨夜、全員にちゃんとお知らせしましたが…」と無実を主張する

全員にメールで知らせたのはもちろん事実ですが不快な思いをさせられて怒っている人に「努力はしました」と言っても、それは納得してもらえないでしょう。自分は無実だと主張すれば責任逃れのように聞こえて、さらに心証を悪くすることになりかねません。

竹

「なぜこういう事態になったのかというと、昨日総務が…」と詳しく状況説明

どうしてこんな事態に陥ったのか、相手も原因や経緯を知りたいと思うものです。それでも、状況説明を聞いてもらえるようになるのは、きちんと謝罪して相手の怒りをおさめた後のことです。いきなり状況についての説明をし始めると、やはり他人のせいにして言い逃れしようとしていると受け取られそうです。

「ご迷惑をおかけしました！」と心から詫びる

怒っている相手には、まず自分に非があったことを認めて、きちんと謝罪するのが一番です。「メール連絡だけでは不十分でした」など反省点を示せば、相手も納得して、経緯説明にも聞く耳を持ってくれるようになるでしょう。

失敗しないですめば、それに越したことはありませんが、失敗してしまったときの叱られ方・謝り方は、あなたの信頼性に関わることを意識しましょう。

つい真っ先に口にしてしまいがちなのが「一生懸命やったんです」とか「○○さんからの連絡が遅れたので」など、そこに至るまでのプロセス説明です。しかし、相手を怒らせ

無自覚な配慮不足が相手の怒りをあおる

相手の立場に立って「本当に申し訳ない」という気持ちで謝ろう。

たままでは、責任逃れとしか受け取ってもらえないでしょう。

相手の望む結果を出せなかったら、説明する前にまずこちらの反省の言葉を伝えるというのも気くばりです。相手の怒りをしっかり受けとめ、思い切り謝りましょう。

このケースなら、謝罪後に「今後はメールだけでなく、できるだけ口頭でも確認し、変更前の会議室に張り紙もして、皆さんが混乱しないようにいたします」など、具体的な改善策を示すと好印象です。

今後への意気込みを示すことで、かえって信頼度はアップします。

叱られるときは、「見た目」もそれにふさわしく

41

マナーどおりの姿勢や服装が絶対ではない

自分のせいで迷惑をかけてしまった相手が怒っているとき、きちんと謝罪の言葉を述べたとしても、さらに相手からお説教されたり、いろいろ指摘を受けるということもありますね。

こういう場面で、よく気をつけたいのが、姿勢や服装などの見た目です。失敗とは関係のないことのようですが、同じ人でも見た目ひとつで相手の怒りがおさまったり、かえって逆なでしてしまったりということが起きます。

では、「叱られるときの見た目」について考えてみましょう。大事なお客様からクレー

ムが入り、取り急ぎお客様のもとへ駆けつけましたが、いまだかなり怒っているというき、あなたはどのような姿勢で先方からのお叱りを受けますか。

頭をすっと上げ、背すじを伸ばした礼儀正しい姿勢

頭を上げて背筋を伸ばしたよい姿勢は、本人としては最も厳粛な態度を表すものでしょう。ただ、頭を上げていると、どうしても堂々として見えます。「何を言われても動じないぞ」という反抗的な態度とも受け取れるでしょう。とくに体格のよい若者の場合は、ひときわ大きく偉そうに見えるので「反省する態度じゃない！」とさらに怒りをあおる結果になってしまうかもしれません。

背すじは伸ばしているが、頭をうなだれた姿勢

頭を上げているよりは、うなだれているほうが、反省の色をにじませることができます。ただ背すじを伸ばしているせいで、自覚している以上に偉そうに見えています。ずっと下を向くのも、すねて話を聞いていないような印象を与えがちなので注意してください。

肩をすぼめて胸を閉じるようにして、身体をなるべく小さく見せる姿勢

体格がよければなおさらですが、小柄な人であっても両肩をすぼめて胸の部分を中に入れ、なるべく体を縮こませるようにすれば反省の気持ちを「見た目」から表現できます。

人は視覚からたくさんの情報を得ています。言葉も大切ですが、見た目の印象は理屈抜きに瞬時に決まるものです。

「見た目より中身で勝負」という考え方もありますが、叱られるときにはまず反省を示す「見た目」になることを意識しましょう。

体格のよい人はとくに、敬意を示したつもりで、マナーどおりに姿勢を正すと尊大に見えてしまいます。身体をなるべく小さく見せるつもりで臨み、反省しているさまが見えるようにしましょう。それだけで、あなたの印象はまったく違ったものとなります。

また、こういう場に着ていくスーツなど、服装も重要な「見た目」のポイントです。本

訪問先に合わせた服装を

営業担当として堅い企業に行くなら華やかすぎるのは考えもの。
どんな状況でも一番重視したいのは清潔感！

人は「お叱りを受けるためにきちんとした服装にしよう」という思いから一番よいスーツを着ていったとしても、相手は「こっちは怒っているのに、おしゃれしてきて反省の色が見えない」と受け取るかもしれません。

通常の商談の場では「できる人」を印象づけられる服装は、叱られる場面ではマイナスに働くことがあります。

できるだけ華やかに見えない服装を心がけましょう。

「見た目」によって、相手の心証は大きく変わります。クレーム対応なのかプレゼンなのかなどTPOに合わせて、体の姿勢や服装を調節するのも気くばりです。

意見を求められたら、自信がなくても答える勇気を持つ

42

間違えるより、何も意見を言えないほうが恥ずかしい

どんなにできる人でも、自分の考えに自信がないことはあるでしょう。とくに今まで自分が知らなかったことを聞かされて、すぐに意見を求められたりしたら、自分の考えは間違っているかもしれないし…と戸惑いを感じると思います。そんな自信がない場面で、どのように答えていくかによって、あなたが気の利いた人かどうかが見えてきます。

もし、社内研修で初めてのことを学んでいるときに、研修の講師から、どう思うか意見を求められたら、どうでしょう。

「えっ？……」と黙り、講師の助け舟を待つ

意見を求められているのに話さないのは、もったいないことです。ここで求められているのは重要な意思決定をすることではなく、議論を活性化することでしょう。自分の考えをブラッシュアップするチャンスも逃してしまいます。

「全然自信がないのですが」と前置きしてから、自分の意見を述べる

意見を言えるというのは評価されます。しかし、「自信がない」とか「間違っているかもしれないのですが」などと、大恥をかかないための予防線を張ると、消極的な印象を与えます。この前置きがあるかどうかで、相手の受けとめ方は変わってしまうものなのです。

松

自信がなくても「私の意見は」と速やかに考えを言う

素直に自分の思うところを話せば、聞き手も素直に受け取ってくれます。研修という学びの場であれば、仮にあなたの意見が的を射ていなくても失態とは言えず、恥ずかしがることはありません。間違っているかどうかなど気にしないで、積極的に自分の意見を述べていく人は、気持ちがよく、好印象を持たれます。

間違っていようがいまいが、質問に答えるべき場面では答え、間違っていたら素直に認めればよいのです。臨機応変な柔軟さは、物事を学びとる力の基となります。

意見を述べる前に、間違っていた時の予防線を張るような前置きは不要です。消極的な枕詞をつけると、その場にいる人も「価値のない意見」という先入観を持ち、熱心に聞いてくれなくなります。

研修の場合、あなたの意見が間違っていたときは、講師は「それがなぜ間違いなのか」「どうしてこのような間違いが生じたのか」など、あなたの意見を足がかりにしてさらに話を展開できます。

つまり、あなたの意見はブラッシュアップされ、研修の質をも向上させるきっかけとなるのです。

他の人たちの目があるなかで間違えて、恥をかきたくないという理由で黙ってしまったら、こうしたせっかくの機会を生かせなくなります。

発言すべき場でおし黙るのは、間違えるよりも恥ずかしいと心得ましょう。

間違っているかもしれないと心配でも

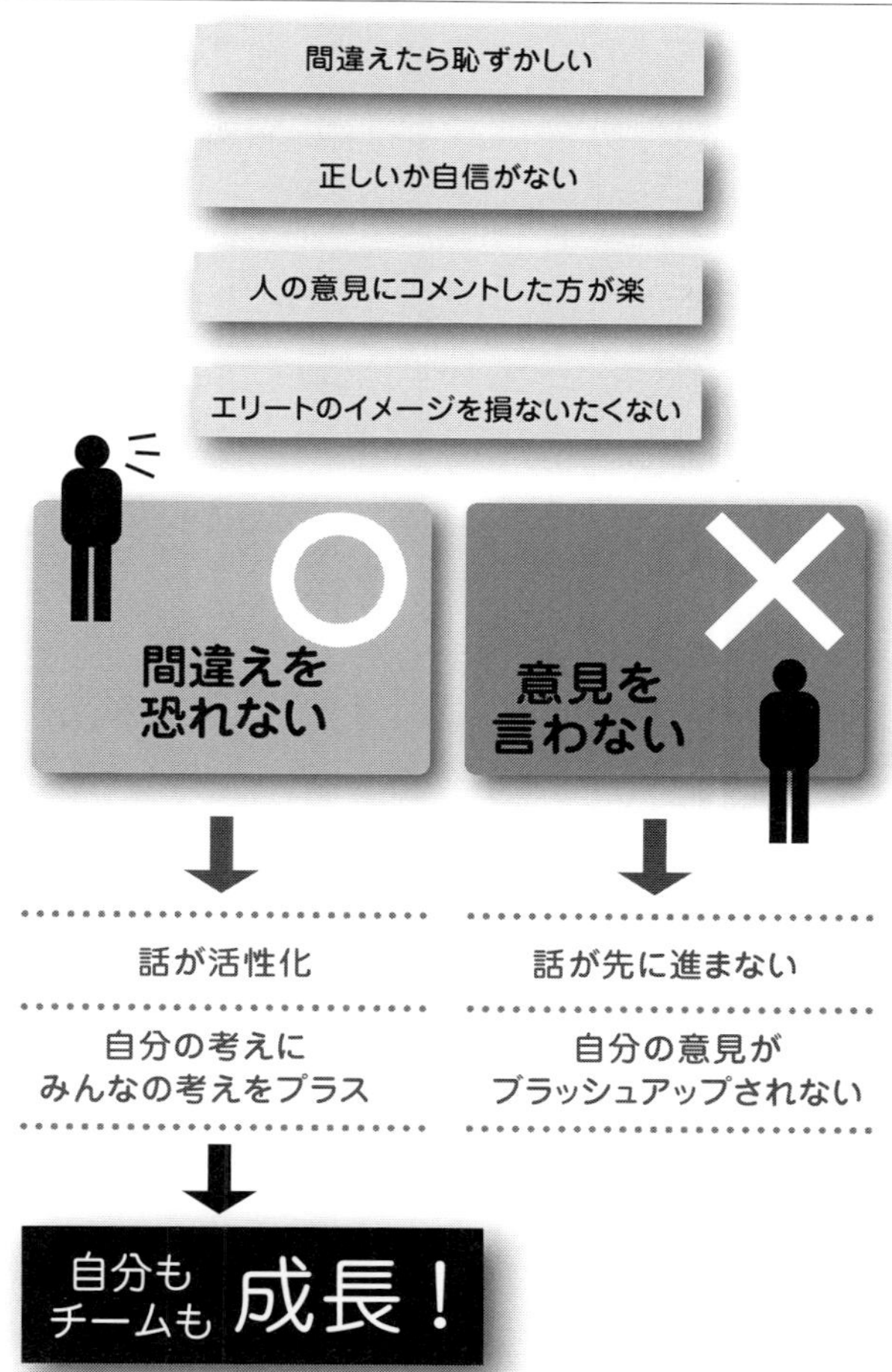

間違うことを恐れる人は、自己防衛に忙しくてカチカチに。
間違っても気にしない勇気が議論の活性化を生みます。

教えてくれた好意に応える気くばり

43

ネガティブな感想は不要。ほめられることを見つける

先輩や上司などの目上の人から、おすすめの本や飲食店、いろいろなショップなどの情報を教わることがありますね。自分より経験豊かな人の知識を好意で教えてもらったわけですから、教わる側の気くばりができていないと失礼にあたる場合もあります。

好意で教えてもらったことでも、あなたにとっては「おすすめ」どころか、よくなかったという場合もあります。たとえば、先輩に教えてもらったデートにおおすすめのレストランの店員の態度が悪く、おかげでデートも散々だった場合などです。

こんな時、後日、先輩から「あの店行った？」と聞かれたら、どう答えますか。

「お聞きしていたより、店員の態度が悪くて残念でした」と冷静に批評する

一番最近、その店に行ったのはあなたですから、先輩にとっても最新情報にはなるかもしれません。しかし、こんなことを言われたら先輩は立つ瀬がありません。嘘をつくのは問題ですが、正直すぎるのも考えものです。

竹

「先週行きました。ありがとうございます」とお礼だけ言う

ほめるところのないお店だったら、これでも十分でしょう。好意で教えてもらったのですから、マイナス点には触れずに感謝するのもよいでしょう。ただし、なんの感想もないと「あれ？ 気に入らなかったのかな」と先輩は少し不安かもしれません。

松

「料理おいしかったです」とよかった点を強調してお礼を言う

「インテリアのセンスもよくて」「近くに○○があったので、おかげさまで彼女と買い物もできて」とよかった点を並べれば、先輩もうれしいものです。悪かった点にわざわざ触れる必要はありません。よかった点だけ、きちんと伝えれば感謝の心が伝わります。

あなたは気軽な気持ちで、誰かにおすすめの店や本をたずねたとしても、相手は一生懸命にあなたのことを考えたうえで教えてくれるものです。

ですから、教わったままにせず、その店に行ったり、その本を読んだりして、後日、かならず感謝の気持ちを伝えましょう。

もしもそれができないなら、安易に人におすすめを聞いたりしないでください。「おすすめを教えてください」と聞いておきながら、「まだあの店行ってないんですよね」「あの本、書店で見つけられなくて」などと言い続けていると、相手のプライドを傷つけることにもなります。「この人に教えても、教えがいがないな」と思われれば、もう何も教えてもらえなくなるかもしれません。

教わったことを実践に生かすのは最低限の礼儀と心得ましょう。

そして先ほどの例のように、人のおすすめに何か気に入らない点があっても、ほめられるポイントを見つけて感謝するのが気くばりです。批判して、相手の親切心を否定するこ

役に立てる気がないことは最初から聞かない

人にアドバイスを求めるなら、必ずそれを実践する。その自信がなければ、最初からたずねないこと!

とは避けましょう。

また逆に、あなた自身がおすすめを教えるときは、自分にとってベストなものが、必ずしも相手にとってもベストとは限らないと考えるようにしてください。

たとえば、聞かれてもいないのに「この本とてもおもしろいから、読んでから返してくれたらいいよ」と無理やりおすすめ本を貸したりすれば、相手は読まざるを得ません。それでは煙たがられてしまいそうです。

相手が感じる期待や負担について意識すると、より一層、気くばりができるようになります。

第5章のまとめ

○叱られる場面でまず重要なのは、
説明より謝罪・反省の言葉！

○叱られるときは、叱っている人からどう見えているかを意識しよう！

○意見を求められたとき、黙っているのは恥ずかしいこと。
自信がなくても答えよう！

○人が好意で教えてくれたことに批評は不要。
ほめられる点をほめる！

Chapter6

メールやはがきのやりとりで発揮する気くばり

連絡の目的に合わせて、通信手段を使い分けよう

TPOと相手の都合に気を配って、連絡手段と伝える内容を変える

人と連絡を取る方法は、メール、電話、ファックス、手紙、はがきといろいろとあります。メールひとつとっても、会社のメールアドレスもあれば個人のものも、携帯電話のものもありますね。また、電話をかける場合も、会社の固定電話も携帯電話もあります。いろいろな選択肢があるだけに、連絡する目的にふさわしい方法を選ばないと、相手に「メールじゃなくて電話で連絡してくれればいいのに」「電話で言われても忘れてしまうから、メールも送ってくれたらいいのに」と思われてしまうでしょう。

相手の期待に沿い上回るのが、気くばりです。連絡の目的と通信手段を、ベストな組み合わせで使いこなしたいですね。

さて、次のケースでは、どんな通信手段にするのがベストか、考えてみてください。

営業パーソンのあなたは、今日、ある会社を初めて訪問しました。いい雰囲気で商談ができたので、すぐに先方へのお礼の気持ちを伝えたいと思います。では、手紙、はがき、メールならどの通信手段が最もふさわしいと思いますか。

梅

感謝と意気込みを手書きで書いた長文の手紙

手書きの手紙は時間も手間もかかる分、敬意と熱意を表せる通信手段です。ただしこのケースでは速やかに面談のお礼をするのが目的です。受け手にとっては、手書きの手紙は「重たい」と感じることもあります。「こんな長々とした手書き文を書くなんて、ヒマ人なのかな」と思われてしまったら、マイナスイメージですね。

竹

定型文のプリントに一筆加えたはがき

手書きの暖かさもありますし、相手にとっては気軽に受け取れるのが、こうしたはがきです。ただしあまり印象に残りにくく、よほど筆まめな相手でない限り、なかなか返信ももらえません。せっかく連絡したものの、コンタクトが途切れやすいでしょう。

お礼を簡潔に書いたメール

メールを日常的に使っている相手であれば、ベストな選択です。読む手間も最小限ですし、こちらから送信しておけば、先方はアドレス入力の手間が省けて、今後も連絡を取りやすくなります。ただし、最初から長文だと迷惑をかけるのであくまで簡潔に。

通信手段といえばメールと携帯電話、最近ではSNSも主流です。しかし、何でも手軽さだけで選ばずに、いろいろと使いこなすと気くばりのきいたコミュニケーションがはかれます。

返信がほしい用件の場合は、手紙やはがきは適切ではありません。返信に手間のかかる通信手段ですから、そのままコンタクトが途切れる可能性が高くなります。

ただし年配者など目上の人へ挨拶状を送ったり贈答品へのお礼状を送るなら、手紙やはがきで敬意を示しましょう。返信の義務感もマイルドになりますし、手書きにしかない温

適切な通信手段を選ぼう

内容	ポイント	良い／悪い通信手段	コメント
緊急連絡	相手がすぐに気づくこと	電話とメールの両方に連絡。	送りっぱなしではなく相手の反応を確認する
面談のお礼（ビジネス）	感謝を伝える、返事が簡単	メールが最適	手紙・はがきは相手にとって「重たい」場合がある
面談のお礼（年配者）	感謝や敬意を伝える	手紙やはがきのほうが気持ちが伝わる	メール文化に属する人か、手紙・はがき文化の人かで違いが
私信・私用連絡など	他人に見られないこと	FAX は×	出すほうは気にしなくても、相手は人に知られたくない内容もある
お詫び・断り・クレームなど	ネガティブな案件は深刻さに応じて、直接対面する必要も考える	お詫びは足を運ぶ誠意が大事。断り・クレームも文字にすると必要以上にキツイ印象を与えがち	メールでのお詫びは、上司にもCC:して、相手に組織として問題を共有していることを示す

かみで気持ちも伝わりやすいですね。

メールのよさは手軽さです。また相手が都合のよいときに見るという利点もあります。名刺交換した相手に自分からメールを出せば、相手はアドレスを打ち込む手間が省け、返信してくれやすくなります。

ただしメールは電話と違い、相手に用件が伝わったかどうかはすぐにはわかりません。急ぎの用件なら、メールだけでなく電話もして、タイムラグが生じないようにしましょう。

ＦＡＸは、会社の人や家族など、送った相手以外の人に見られる可能性があることに配慮が必要です。送る内容によっては相手に思わぬ迷惑をかけることもあります。

仕事関係の人に出す年賀状。はがきにするか、メールにするか

45

常套句だけの手書きより、個性的な印刷はがきを出そう

年賀状や暑中見舞いなど季節ごとの挨拶状は、お互いの気持ちを行き来させるためのもの。仕事のお付き合いでも大切なツールとなります。

せっかく送るなら、送った相手によい印象の残る挨拶状を出したいものです。たとえば、あなたが個人的に人脈をつなげておきたい人が、この一年間で100人ほどできたとして、新年のあいさつは、どんなかたちでお送りするのが一番よいでしょうか。

梅

年賀メールを一斉送信する

BCCメールを使えば、手軽に一斉送信できます。しかし、個人に宛てたメッセージのな

い同報メールは、相手の印象には残りにくいものです。たくさん送られてくる同報メールの中で個性を発揮するのも大変でしょう。

取引先向けに、会社で大量印刷した年賀はがきに「よろしくお願いします」と手書きで一筆書き添えて送る

会社の年賀はがきでも、手書きをひと言添えたほうがぬくもりを感じさせます。ただ、常套句のみだと、機械的で無機質な印象になります。あなた自身の気持ちが伝わるように、短くても心を込めたメッセージを添えるようにしましょう。

松

オリジナルの文章とデザインを印刷した個性ある年賀はがきを送る

印刷はがきであっても、昨年を振り返り、新年に向けての抱負や予定している仕事内容など、あなたの個性を発揮したメッセージが記されていると、好印象を与えられます。手書きで常套句をただ書いているだけより、相手の印象に残るものです。

年賀メールの場合でも1通1通、個人に宛てて送れば一斉メールよりも好印象です。ただメールはそのまま放置しづらいという特徴もあります。年始から返信のプレッシャーを相手に与えてしまうのは、あまり気持ちのよいものではありません。

かといって、「はがきに手書きしないと冷たい印象になる」とこだわって手書きを始めてしまうと、膨大な作業を必要とします。とくに年末の忙しい時期に書くことになる年賀状の場合は、結局挫折してしまうかもしれませんし、だんだん機械的な作業と化してしまうおそれもあります。

確実に期日までに投函して年始のご挨拶をできるように、自分らしさにあふれた印刷はがきを用意することをおすすめします。

もらった相手が嬉しいのは、手書きの「よろしく」よりも、あなた自身のオリジナリティーのあるメッセージです。「○○さんらしいな」と個性を感じさせるものであれば、印刷でも十分に温かみが伝わります。

今後もよい人間関係を築いていきたい人たちに向けて送るのですから、気づかいのある個性たっぷりの文面やデザインのはがきを作ってみましょう。

年に一度、年賀状だけ出せばいい?

年初に会ったきりの人だと、年賀状を出すのは約１年後。それに対して暑中見舞いも出すと、適度な間隔をおいて連絡が取れる。

46

メールの件名にも気くばりを

真っ先に伝えたい内容を件名にしよう

メールには件名欄があります。携帯電話のメールなどプライベートなやりとりなら、件名なしでやり取りすることも多いものですが、ビジネスの場では件名がとても重要な役割を果たします。

件名の書き方しだいで、受け取る相手の手間を減らし、印象をよくすることができます。

たとえば、あなたが乗っている電車の交通トラブルのために、得意先での打ち合わせに15分ほど遅刻しそうだとしましょう。現地で合流する予定の上司の携帯電話へメールを送って、その旨を伝えようと思います（電車内での通話ははばかられるので）。どんな件名で送りますか。

梅

「申し訳ございません！」（本文で15分遅刻すると説明する）

「遅れて申し訳ない」という気持ちが出ている件名ですが、これだと本文を見るまで用件がまったくわかりません。急いで部長に知らせたいのですから、もっと具体的な件名にしたほうがよいでしょう。

竹

「電車遅延のため遅刻します」（本文で15分遅刻すると説明する）

遅刻することも理由も件名で伝わるので、部長もすぐに事態を把握できます。ただし本文を見ないと、あなたが何分遅刻するのかわかりません。

松

「15分遅刻します」（本文で遅刻の理由を説明する）

この件名なら、上司は本文を確認する前に、重要点を理解することができます。

メールの件名は、実は気くばりの差がはっきりと出るポイントです。

メールを書くときに、件名を「TAB商事の山田です」「お世話になっております」「こんにちは」などと書いている人は要注意です。

これは、先ほどの例の「申し訳ございません」という件名と同じで、本文を開くまで用件がわからず不親切です。

件名には、挨拶など抽象的な文言を書くことは避けて、真っ先に伝えたい内容を明記するようにしましょう。

件名に「Aプロジェクトの件」とだけ書いて送信してしまうのも、用件を書いているようでいて、実際のところ言葉足らずです。

1つのプロジェクトについて、何通ものメールをやりとりすることはよくあります。そして日が経ってから、プロジェクトのある案件について、メールでやり取りしたはずの内容を再確認する必要が出てくることもあります。

こんなとき、内容を伝えていない件名だと、たくさんのメールの中から必要な内容を探し出すのも大変になります。

「送信者」の名前もわかりやすく

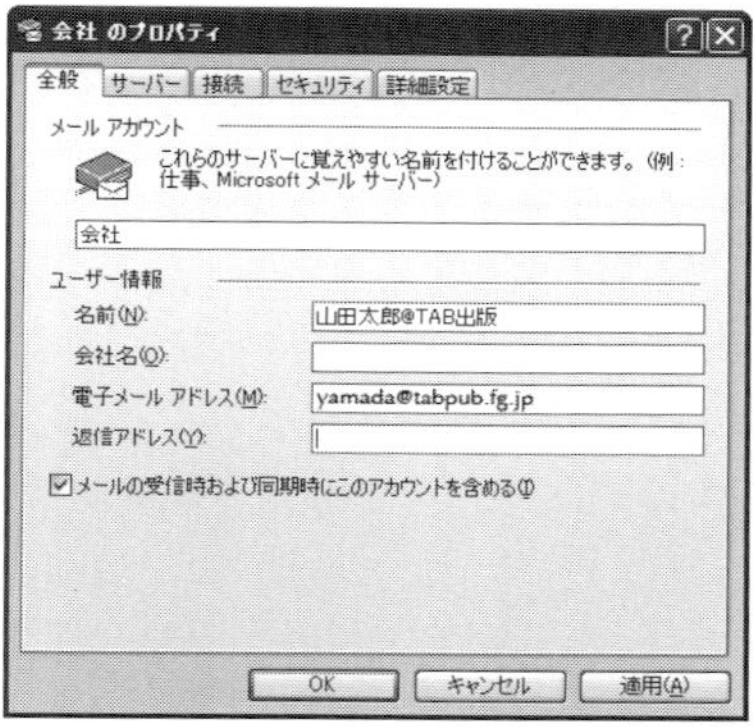

日本人同士のメールなのに「送信者」がアルファベットやメールアドレスで表示されるとわかりづらいもの。ひと目で相手にわかるように漢字で名前と社名を表示するようにしよう。

「Aプロジェクト：日程調整の件」「Aプロジェクト：外注費の件」など件名に分類と用件を書くと、後からの検索もしやすくなって親切です。

松竹梅の例のような緊急連絡の場合は、件名でもっとも重要なポイントが一目瞭然になるように気を配ります。

一刻も早く知らせたいなら、いっそのこと本文なしで件名だけで伝える手もあります。

相手も携帯電話に「本日の会議15時からに変更」という件名のメールが届けば、見て2秒で理解できるので、あっという間に連絡が完了します。

メールの書き出しは、できるかぎりポジティブに

多少のネガティブな要素は、前向きな言葉に置き換える

17

あなたはメールの冒頭にどのような言葉を選んでいますか。

メールの書き出しによって、メッセージの印象が変わってきます。ですから、常によい印象を与えられるような書き出しにしたいですね。

そのためには、ポジティブな言葉を選んで使っていく気くばりが必要です。多少のネガティブな要素は、前向きな言葉に置き換えるくらいの気持ちで書きましょう。

たとえば、あなたが営業から会社に戻ったところ、今日はじめて訪問した会社の担当者から、面談のお礼メールが入っていたとします。本来だったら、あなたが先にお礼メール

を送るべきところが、もう相手が先にメールを送ってくださっているので、すぐにでも返礼のメールを返すべきでしょう。

こんなときのメールは、どんな書き出しがよいでしょうか。

「こちらからメールをお出しするべきところ、申し訳ございません」

へりくだった感覚で、先にメールを出せなかったことをお詫びしています。

しかし、お叱りのメールをいただいたわけでもないのに、冒頭からいきなり「申し訳ございません」と謝ってしまうと、メール全体がネガティブな印象を帯びてしまうかもしれません。

「本来ならこちらからメールをお出しするべきところ、わざわざご丁寧なメールをありがとうございます」

冒頭からすぐに謝辞をのべるのは好印象です。ただし、細かい点ですが「わざわざ」というと、どこか「ありがた迷惑」というネガティブなニュアンスも感じられます。

「早々にご丁寧なメールをいただき、ありがとうございます」

すぐにメールしていただいたことを「早々に」と表現して「ありがとう」と言えば、相手もほめられた気がして、違和感なく感謝の気持ちを伝えることができます。

同様に、外出中に電話をいただいて応対できなかった場合、「先ほどお電話をいただいたのに、不在にしておりまして申し訳ございません」と書くより、「先ほどお電話をいただいたそうで、ありがとうございます」と感謝の言葉に置き換えたほうが、ポジティブな印象になりますね。

最初の一文から「申し訳ございません」など、ネガティブな言葉で始まっているメールだと、メッセージ全体がネガティブな印象になりがちです。

メールの冒頭には「ありがとうございます」のようなポジティブな言葉を持ってくるようにしましょう。

お礼するなら最初から「ありがとう」

書き出しが「ありがとう」などポジティブな言葉であれば、全体の印象もポジティブなものに。いらぬ誤解も受けづらい。

なお、ビジネスメールの通常の書き出しは、電話と同じ感覚で「いつもお世話になっております。○○社の△△です。」といった書き方をすることが多いですね。

これ自体は問題ないのですが、一日に何度も同じ相手とメールをやり取りしているときは、毎回同じフレーズを繰り返すと、通り一遍の慇懃(いんぎん)無礼さを相手に感じさせるかもしれません。そんな場合は「こんにちは」「こんばんは」などと、和らいだ表現をあえてつかうのも気くばりです。

メールは会話とは異なり、相手に不快感を与えてもその反応がわかりません。慎重に言葉選びをしましょう。

48

同じ相手にいくつかの用件。メールは1通にまとめる？

用件で切り分けると、お互いに便利

メールは簡単にやりとりできるだけに、山のように届くものです。最近は携帯電話もスマートフォンでパソコン用と同じアドレスを使うという人も増えていますが、多くの人が職場・私用・携帯電話という複数のアドレスを管理しています。確認も返信もしやすいように気を配るのが、気のきいたメールの書き方です。

ではあなたのメールの書き方の気くばり度はどうでしょう。

取引先のAさんへ、Bという新商品開発に関して、「来週行われる企画会議の日程調整」と「契約内容変更の相談」という2つの用件があるとしましょう。

メールで伝えるにあたって、この２つの用件をどのように書くと、一番気が利いているでしょうか。

同じ企画、同じ担当者なので1通でまとめて送る

何通も送ると迷惑だから、１通にまとめるという考え方もあります。ただし、この場合は２つの用件のうち、「日時確認」は来週のことなので急いで返答してほしい内容です。「契約内容について」は先方が時間をかけて検討することになりそうです。

同じメールにまとめてしまうと、先方が時間のかかる用件を含め、すべて返答できるようになるまで返信してくれない可能性もあります。

竹

2通に分け、どちらも件名は「○○企画について」

メールを２通に分けておけば、個別の案件ごとのやり取りがしやすくなり、日程調整についてだけ前に返答してもらうこともできるでしょう。しかし、どちらも同じ件名だと、先方も自分も混乱してしまいそうです。

メールは2通に分け、件名も変える

2通のメールの件名をそれぞれ「B企画：企画会議日程調整の件」「B企画：契約内容について」など要点が分かるように変えておけば、のちのちまで確認しやすくなります。

大量に受け取るメールだからこそ、円滑にやりとりできるように用件ごとに分けてメールを書くのが、気くばりです。

たとえばこの例のように1つのプロジェクトに対して一緒に取り組んでいる相手であっても、すぐに判断できる内容からじっくり検討することまで、用件はさまざまでしょう。場合によっては、用件によってCCメールをする人が違うということもあります。

相手が速やかに返信できるような分類を意識してメールを分けて書き、件名も用件を特定しやすいものにすると、お互いにコミュニケーションを取りやすくなります。

また、自分が長いメールを書かないように気をつかっていても、時には用件がたくさん

長〜いメールが届いたら?

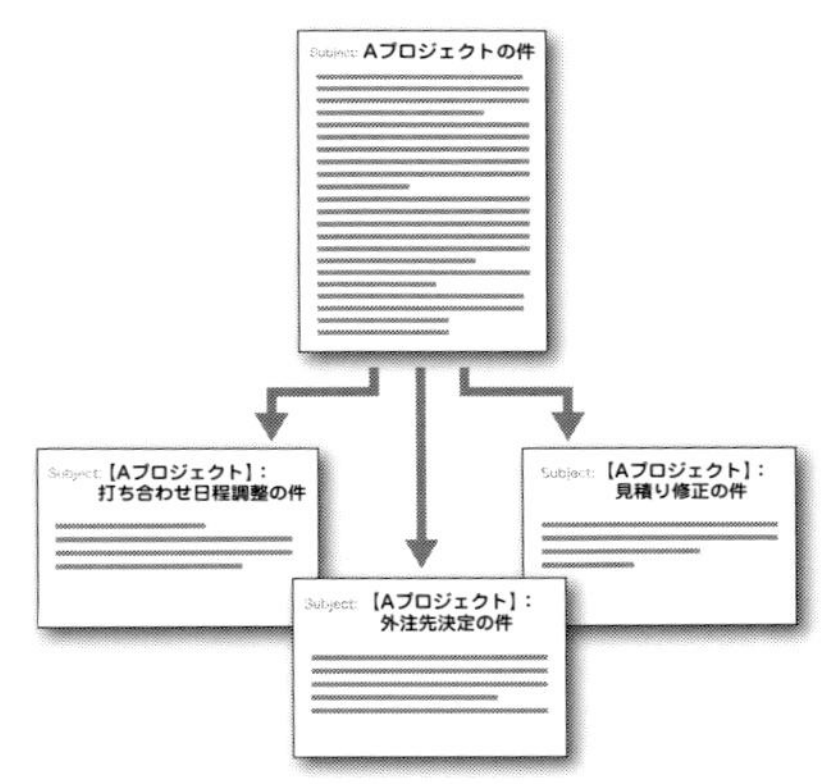

1通のメールに5つも6つも用件を盛り込んだメールが届いたら、用件ごとに切り分けて返事をすると後がラクに。

詰まった長い長いメールをもらうこともあります。その場合は、あなたのほうで用件別にメールを切り分けた上で返信するとよいでしょう。相手にとってもそのほうが便利で、気くばりできる人という印象を持たれます。

なおビジネスメールでは、送信者の署名なしや苗字だけだと、わかりづらいだけでなく無愛想な印象になってしまうので気をつけたいものです。送信者の名前は漢字でフルネームを登録しましょう。海外とのやりとりが多い人は別ですが、アルファベットだと識別しにくいことが多いのです。受信者にわかりやすいメールになるように心がけましょう。

奇数回で完了するメールのやり取りのルール

49

締めくくりのメールは「目下の人」が送るのがベスト

メールのやり取りを締めくくるタイミングをつかめず、むやみに何度もやり取りしてしまうことはありませんか。とりわけ、お得意様や上司など、「立てるべき人」とのメールだと、こちらから打ち切ったら失礼ではないかと心配になるもの。かといって、必要最低限のことだけでメールのやり取りを済ませようとすると、本当に失礼になることもあります。

メールのやり取りをスマートに完了させるには、どのタイミングがベストでしょうか。お得意様からあなたへ「商品を明後日までに地方にある倉庫に納品してください」というメールが届いた場合のメールのやり取りを例に考えてみましょう。

受注可否を確認してから返信する

期限までに納品可能か判明するまで一切返信しないと、先方はあなたがメールを読んだかどうかさえわかりません。

竹

「承知いたしました。ありがとうございます」というメールを送る

発注メールへの返信ですから、「承知した」という内容は必ず書きましょう。また返信することで「読んでもらえた」と相手も安心できます。ただし納品が依頼どおり完了したのかどうかまではわからないので、やはり不安は残ってしまいます。

松

承知した旨をすぐに返信し、さらにその後「無事に倉庫へ納品いたしました」という報告のメールも送る

お得意様が気になるツボをついた「もうひと押し」のメールです。こうした返信のしかたなら、あなたは信頼感を得ることができます。

依頼・指示メールに対して「承知いたしました」という返信をするところまでは、多くの人が実践しているはずです。ただ、それだけではまだまだ気くばりが足りません。依頼・指示を出した人が最終的に気になるのは、それが「できたのかどうか」です。その報告を忘れるようだと、信頼を得られないでしょう。

作家の櫻井秀勲氏は「目上の人に信頼され、かわいがられる人は『奇数の法則』を心得ている」とおっしゃっています。

「奇数の法則」とは、「目上↓目下↓目下」または「目下↓目上↓目下」と、メールのやりとりが奇数回となり、締めくくりを目下の人がすることを指します。先ほどの例だと［竹］の例は「目上↓目下」の偶数回で終わっていますが、［松］は「目上↓目下↓目下」です。

ただし「これでこの件は最後」と考えて長いメールを出してしまうと、相手は「また返信しなければ」と4回目のメールを打ってくることがあります。このままではエンドレスになるので、次のメールは「ありがとうございます。今後ともよろしくお願いいたします」などと、最終確認だけの1行でまとめるなど、できるだけ簡潔にしましょう。

「奇数回で終わらせるメール」の具体例

1.目上の人からの依頼の場合

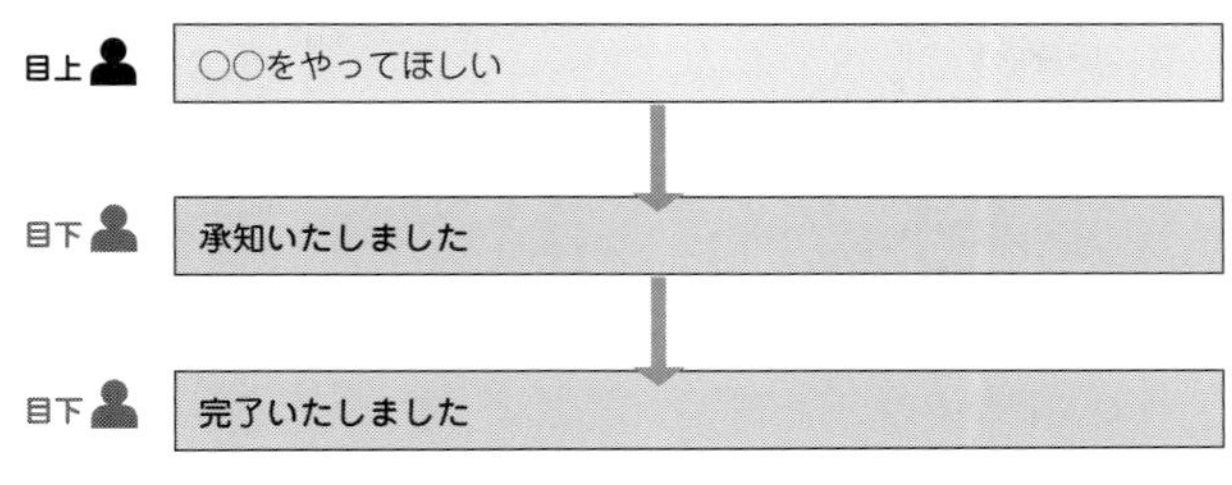

2.目下の人からの打ち合わせ依頼の場合

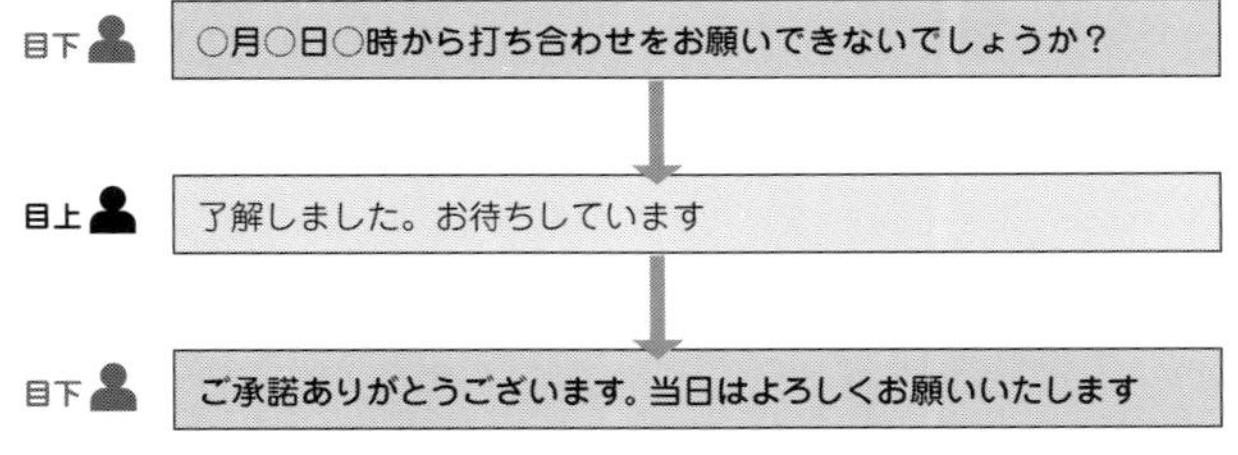

3.目下の人からの会食のお礼の場合

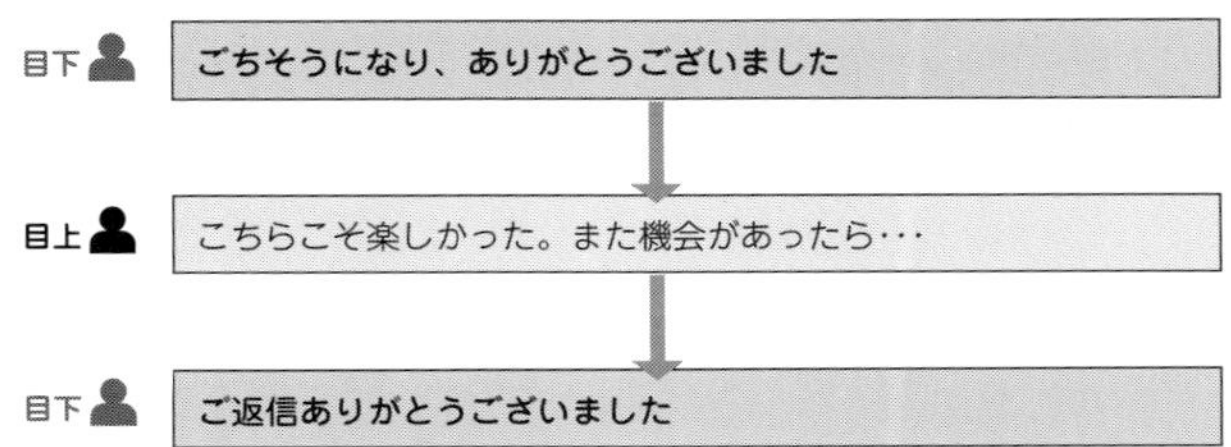

参考文献：『人に「かわいがられる男」になれ！』（著：櫻井秀勲、刊：三笠書房）

50 ちょっとした知人からの同報メールに返事をする?

ないがしろにせず返信して、よい人間関係を

メールの中にはBCCで送られてくる同報メールもありますね。同報メールは多くの人に一度に連絡できるので、イベントのお知らせや挨拶をしたいときにはとても便利です。ただしこのように一斉送信されるメールは、店舗などから送られてくる宣伝目的のダイレクトメールと同じように、返信の必要はないものという見方が一般的です。返信したことがないという人のほうが多いかもしれません。

では次のようなケースならどうするか、考えてみてください。

昨年、あなたが異業種交流会で名刺交換した人から、元旦にBCCで年賀メールが届き

ました。覚えてはいますが、こちらからは年賀状も出していない相手です。あなたなら、このメールにどう対応しますか。

梅 同報メールなので、返事を出さない

「親しくないし、返信の義務もないだろう」というスタンスです。たしかに、再会することがあったら、そのときにお礼を言えばいいかもしれません。

ただ、そうやってメールを放置してしまえば、そのまま音信不通となる確率が高くなります。今後もつきあいを続けていくつもりがあるなら、何か行動を起こしたほうがよいでしょう。

竹 近況報告などを書いたメールを返信する

同報メールに反応する人が少ない分、相手に与えるインパクトは大きくなります。返信することによって、喜んでくれた相手から、今度は同報ではなく、あなた個人宛のメールが届くことも期待できます。

メールに返信し、年賀状も投函する

年賀の挨拶なので、メールを返すだけでなく、あえて年賀状も送ると、嬉しい驚きとして相手の印象に残ります。今後もよい関係性が生まれるかもしれません。

一度に何人に送られているかわからないのが、BCCの同報メールです。内容がなんであれ、自分だけに宛てたものではないと思うと、なかなか返信する気にならないものです。そこをあえて返信すると、どうなるでしょう。

同報とはいえ、発信者は自分で送る相手をピックアップした上で、メールを送っているのです。そうやってメールを送った相手のことは意外と覚えています。同報メールはよく「不特定多数に向けたもの」と言われますが、実は受け取っているのは不特定多数ではなく「特定の多数」です。きちんと返事が来れば、発信者は素直に嬉しく感じます。

同報メールで多いのが、パーティや講演会などイベントへのお誘いです。3通続いて興

BCC:だとあなたは不特定多数?

BCCメールとメールマガジンは別物。あなたは不特定多数の人間ではなく、相手が選んだ「特定多数」と心得て。

味を引かれないメールが届いたとしても、4通目には「これは行きたい!」というお知らせが届くかもしれません。こうしたチャンスを逃さないためにも、同報メールに日頃からきちんと返信するのが、気の利いた人です。

何度送っても返信がないと、発信者は「この人は私からのメールが迷惑なのかもしれない」と送るのをやめてしまうかもしれません。ところが、参加できないときも返信していれば、発信者にとってあなたは外せない連絡相手になります。

もちろん同報メールの中には、単なる営利目的など、内容によっては無視したほうが賢明なものもありますが。

イベントお誘いメールを断るなら

「ありがとう」「残念ながら」「申し訳ございません」の3つを忘れずに

パーティなどのお誘いメールをもらったけれども参加できないという場合、あなたはどのような対応をしているでしょうか。

お断りをするメールを書くのは、おっくうになりがちですが、ネガティブにとらえずに相手への気づかいを示す返信をしたいものです。

たとえば、取引先から、先方が主催するビジネス交流会の案内状が届いたとしましょう。BCCメールでかなりの人数に送られているようで、出席者は連絡してほしいと記されています。その日は先約があるので、あなたは出席できません。どう対応しますか。

51

梅

連絡が必要なのは出席者だし、同報メールなので返信しない

たしかに出席者の返信しか求められていないので、返信しなくても失礼にはあたりません。とはいうものの、先方は早く出欠の確認をしたいでしょうから、欠席でも、すぐに意思表示をするほうが親切です。

竹

「残念ながら、先約があるので欠席します」とだけ返信する

欠席でも返信すれば、先方に喜ばれます。

しかし欠席理由を書かないと、今度は「もともと誘われたくなかったのかもしれない」という余計な誤解が生まれる可能性もあります。

松

お誘いのお礼の後に「残念ながら、その日は恩師と約束があり……」と返信する

お礼をしてから、欠席の理由を短く具体的に述べて詫びると、相手もモヤモヤした気分にならずにすみます。

メールでお誘いを断るときは、相手への気づかいがとても大切です。たとえ同報メールだったとしても、先ほどの例のように「出席者のみ返信」と書かれていたとしても、やはり相手は送り先にあなたを選んでいるということに変わりはありません。必ず返信するのが気くばりある対応です。

辞退メールには「ありがとう」「残念ながら」「申し訳ございません」の3つのフレーズをセットで使いましょう。

もちろんメインの用件は「欠席します」ですが、いきなりそれを書いたら、相手は「連絡して迷惑だったのかもしれない」と不安になります。ですから最初に「この度は素敵な会にお誘いいただきまして、ありがとうございます」とお礼を述べましょう。感謝することで、発信者側も「迷惑ではないようだ」と安心できます。

次に「とてもうかがいたかったのですが、残念ながら」と前置きして、欠席する理由を具体的に説明し「…という先約が入っているため、今回は欠席させていただきます」などと断ります。

ただし理由の部分があまり詳しくなると、くどくどと長たらしいイメージになってしまいます。わかりやすく簡潔に書くようにしましょう。

そして最後は「申し訳ございません。次回はぜひ参加させてください」と締めくくります。謝罪するとともに「次もぜひお誘いください」など、未来の話も盛り込むことで、相手との関係性をつなげていきたいという気持ちが伝わります。

なお、誘われたのが誕生日会や「創立○周年記念パーティ」などお祝いごとのイベントだったら、まだ当日ではなくても「お誕生日おめでとうございます」「創立○周年おめでとうございます」など最初にお祝いの言葉を忘れずに入れましょう。

このように気づかいのある「お断りメール」なら、断られる側も気分を害することなく受け取れます。今後の関係性もよいものとなるでしょう。

ＣＣメールでパーティのお誘い。都合がつかないと返信するなら

52

ネガティブなニュースは共有しなくていい

ＣＣメールは、ＢＣＣメールと同じく複数の人に同時に発信されるメールです。ＢＣＣが送付先のアドレスを見せないのに対して、ＣＣの場合はすべてのアドレスが表示されるので使い方も違います。

メールアドレスは個人情報ですから、知人のメールアドレスを勝手に別の人と共有するのはＮＧです。同報メールのときは、お互いに知らない人たちに宛てているので、ＢＣＣを使うのが常識です。

ＣＣの場合は互いにアドレスを知っている人たちや、知らせても問題のない人たちに宛てて使います。たとえば自分が取引先の担当者に宛てて書く場合に、このやりとりを見てほしい上司や部下のアドレスをＣＣとして送ります。

ＣＣメールは情報共有が目的なので、ＣＣメールに返信するときも、基本的にはアドレスが記載されている全員に向けて送ります。相手が送ってきた仕事上のメールが、自分とは面識のない人たちにもＣＣされていたとしても、それはこのやりとりを共有したいと先方が考えている人物ですから、こちらもその全員へ返信することが期待されているものと考えてよいでしょう。

では、次のような用件でＣＣメールをもらった場合はどうでしょうか。

知人からＣＣメールでイベントのお知らせが届きました。交流会で知り合った16名で集い、パーティを開くというのです。参加したいのはやまやまですが、都合がつかないので欠席を知らせなければなりません。

では、あなたは、ＣＣも含めて誰宛てにどんな返信をしますか？

欠席する旨を「全員に返信」

CCされているメンバーは皆知り合いなので、全員に返信してもおかしくはありません。しかし、出席ならパーティに向けて皆の雰囲気が盛り上がりますが、欠席というネガティブな情報を全員で共有する必要はないでしょう。場合によっては、連鎖反応のように欠席者が相次ぐ可能性もあります。

竹

欠席する理由を付記して「全員に返信」

小規模でお互いの関係性の濃い集まりほど、欠席理由はハッキリと伝えたほうがよいでしょう。しかし、欠席というネガティブな内容は、主催者だけに連絡したほうが賢明です。ただし、あなたの栄転祝いのパーティを企画している場合など、そもそもあなたが参加しないとパーティ開催が中止になるような場合は、説明のためにも全員に返信したほうがいいでしょう。

主催者に対してのみ、欠席する理由を付記して返信

やむを得ない理由で欠席するとしても、全体の雰囲気を盛り下げないための気づかいとして、主催者だけに連絡したほうがいいでしょう。欠席の理由は、どうしてもキャンセル不可な先約であると先方が納得するような内容を送りたいものです。

一般的には「CCで来たものはCCで返す」と言われていますが、このように、内容によっては返し方を考える気くばりが大切です。

ネガティブな内容を返信する場合は、受信者全員にネガティブな影響を与える心配があります。右のような出欠を知らせる返信の場合、「欠席する」はネガティブなニュースです。こういうときは出席なら全員に返信、欠席なら主催者にのみ返信します。

なおビジネスメールでCC欄に記載されている人は、オブザーバー的立場ですから、必要がない限りその人から返信する必要はありません。ただし、送信者も受信者も皆で情報を共有していると認識していますから、CCされた内容はきちんとチェックしましょう。

第6章のまとめ

○通信手段は、伝える内容と伝える相手に合わせて選ぶ!

○はがきや手紙は、手書きか印刷かより、
自分らしいメッセージを伝えることが重要!

○メールの件名に書くのは、氏名や挨拶ではなく、本文の主旨を!

○メールの書き出しは、ネガティブにならず、前向きな言葉で始める!

○メールは1通1案件。相手からのメールも案件ごとに切り分けて返信しよう!

○メールのやり取りは奇数回で終える。結果報告や感謝のメッセージで完了!

○同報メールでも、送信者はあなたを選んで送信していることを忘れずに!

○お誘いを断るときは、「ありがとう・残念ながら・申し訳ございません」の3つを
忘れずに!

○CCメールでのお誘いは、参加なら全員に返信、
不参加なら主催者のみに返信する!

おわりに

「気くばり」とは、あれこれ細かく心を遣うこと、手抜かりがないように注意すること、配慮、思いやり等のことです。おそらく、誰もが日ごろから気くばりを心掛けているのかもしれませんが、〝自分なりに〟心掛けた程度では、相手には伝わりません。必要とされる気くばりの質やレベルは、その時の立場や環境によって変化しますし、時代とともに複雑化しています。よって、気くばりの達人を探してマネしたり、本書のような「気くばり」の本を何冊かチェックしたり、つねに情報のアンテナを立てて気くばりのツボを押さえましょう。

私は、新卒で一般事務職として第一生命に就職し十数年勤務しました。職員が約5万人在籍する大手生保ならではですが、自分も周囲も頻繁に異動するため、同僚や上司、生保レディやお客様も含めて何千人という人と仕事をしてきました。そのなかで、コミュニケーションの取り方は文字通り千差万別だということをリアルなケーススタディとして学びました。

さらに、研修講師として生保レディの能力開発に携わったとき、「営業成績と商品知識、経験年数など」にはさほど相関関係はないものの、「営業成績とコミュニケーションスキル」には明確に相関関係があると気づきました。

コミュニケーションスキルは大きく三段階に分類できたので、私は「メールの松竹梅（しょうちくばい）」「挨拶の松竹梅」など「○○の松竹梅」と表現し研修で解説しています。それを本書では『気くばりの松竹梅』と総称しました。○×△で表現しないのは、大半の人が最低限のマナーはクリアしているため×とはいえないからです。しかしながら、筆記試験なら合格点でも、オーディションで選ばれるには戦略的な気くばりが求められます。

本書は、多くの「気くばりの達人」のビジネスマナーを超えたノウハウをご紹介しました。ぜひ、あなたが気くばりの達人となる一助となれば幸いです。

上梓にあたり、編集の岸本明子さん、ＴＡＣ出版の山内良太さんには献身的なサポートをいただきました。既著『ほめ言葉ハンドブック』（ＰＨＰ研究所刊）等の共著者である本間正人先生には全面的にご協力いただきました。

全員のチームワークで本書を発刊できたことを心より感謝申し上げます。

祐川京子

〈著者〉
祐川 京子（ゆかわ　きょうこ）

八戸大学・八戸短期大学総合研究所客員研究員（ビジネスコミュニケーション担当）。第一生命の一般職として十数年勤務。事務職や法人営業を経て、営業スキルの研修講師として約5,000名のセールスやビジネスパーソン、経営者向けに講演・研修を実施。著作『ほめ言葉ハンドブック』『ほめ言葉ワークブック』（共著、PHP研究所）『夢は宣言すると叶う』（中経出版）『愛嬌力トレーニング』（TAC出版）ほか。
祐川京子のブログ　http://blogs.itmedia.co.jp/yukawa

〈協力者〉
本間 正人（ほんま　まさと）

京都造形芸術大学教授（一般教養カリキュラム開発担当）、成人教育学博士、NPO学習学協会代表理事、NPOハロードリーム実行委員会理事、一般社団法人キャリア教育コーディネーターネットワーク協議会理事。東京大学文学部社会学科卒業、ミネソタ大学大学院修了（Ph.D.）。ミネソタ州政府貿易局、松下政経塾研究主担当、NHK教育テレビ「実践ビジネス英会話」「三か月トピック英会話：SNSで磨く英語アウトプット表現術」の講師などを歴任。「教育学」を超える「学習学」を提唱し、大人数の参加型研修講師、TVニュース番組のアンカーとして定評がある。コーチングやポジティブ組織開発、ほめ言葉などの著書54冊。

キラリと輝く気くばり　―光る人財になる極意―

2013年4月1日　初　版　第１刷発行

著　者　祐川京子
発行者　斎藤博明
発行所　ＴＡＣ株式会社　出版事業部
（ＴＡＣ出版）
〒101-8383 東京都千代田区三崎町3-2-18
西村ビル
電話 03（5276）9492（営業）
FAX 03（5276）9674
http://www.tac-school.co.jp
印　刷　株式会社　光邦
製　本　東京美術紙工協業組合

ISBN 978-4-8132-5198-9

幸せの順番

あなたがうまくいっていないのは、なぜでしょう。“人生においてやるべきものごとには、順番がある”と気づいた瞬間、仕事もプライベートもうまくいくようになります！ 著者が、苦難の前半生を経て見出した「人生のステップアップ法」とは?

鳥飼 重和・著
定価1,260円（税込）

月商倍々の行政書士事務所 8つの成功法則

厳しい行政書士の業界で横並びのやり方をしてはジリ貧に…。 資金・人脈・経験がなくてもどんどん稼げる、開業と経営の“非常識”な成功法を教えます！

伊藤 健太・著
定価1,470円（税込）

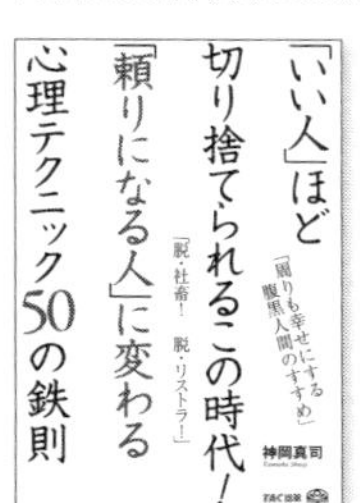

「いい人」ほど切り捨てられるこの時代！「頼りになる人」に変わる心理テクニック50の鉄則

ちょっとした心がけで、「いい人」から「頼りになる人」へ！ 自分の心をコントロールしてたくましい心を持ち、他人の心を巧みに操って思い通りに動かせるようになるための心理コントロール術を紹介します。

神岡 真司・著
定価1,260円（税込）

好評発売中

クレーム・パワハラ・理不尽な要求を必ず黙らせる切り返し話術55の鉄則
神岡真司・著／定価1,260円（税込）

「上質な基本」を身につける！ ビジネスマナーの教科書
美月あきこ with CA-STYLE・著／定価1,050円（税込）

コトラーのマーケティング理論が2.5時間でわかる本
岡林秀明・著／定価1,260円（税込）

TAC出版

価格は税込です。

ご購入は、全国書店、大学生協、TAC各校書籍コーナー、
TAC出版の販売サイト「サイバーブックストア」（http://bookstore.tac-school.co.jp/）、
TAC出版注文専用ダイヤル（0120-67-9625 平日9：30～17：30）まで

お問合せ、ご意見・ご感想は下記まで
郵送：〒101-8383 東京都千代田区三崎町3-2-18
TAC株式会社出版事業部
FAX：03-5276-9674
インターネット：左記「サイバーブックストア」